Uni-Taschenbücher 34

W0188613

Eine Arbeitsgemeinschaft der Verlage

Wilhelm Fink Verlag München
Gustav Fischer Verlag Jena und Stuttgart
Francke Verlag Tübingen und Basel
Paul Haupt Verlag Bern · Stuttgart · Wien
Hüthig Verlagsgemeinschaft
Decker & Müller GmbH Heidelberg
Leske Verlag + Budrich GmbH Opladen
J. C. B. Mohr (Paul Siebeck) Tübingen
Quelle & Meyer Heidelberg · Wiesbaden
Ernst Reinhardt Verlag München und Basel
F. K. Schattauer Verlag Stuttgart · New York
Ferdinand Schöningh Verlag Paderborn · München · Wien · Zürich
Eugen Ulmer Verlag Stuttgart
Vandenhoeck & Ruprecht in Göttingen und Zürich

Albert Menne

Einführung in die Logik

Fünfte Auflage

Francke Verlag Tübingen und Basel

Prof. Dr. Albert Menne, geb. 1923, studierte Philosophie, Psychologie und Theologie. Seit 1962 Wissenschaftlicher Rat am Philosophischen Seminar der Universität Hamburg, seit 1971 Leiter der
Arbeitsgruppe Logik an der Ruhr-Universität Bochum, befaßte er
sich in zahlreichen Veröffentlichungen, z. T. auch gemeinsam mit
Prof. Bocheński, mit Problemen der Logik, Methodologie und
Wissenschaftstheorie und ihrer Anwendung.

Die Deutsche Bibliothek – CIP-Einheitsaufnahme

Menne, Albert:
Einführung in die Logik / Albert Menne. – 5., unveränd. Aufl.
– Tübingen ; Basel : Francke, 1993
  (UTB für Wissenschaft : Uni-Taschenbücher ; 34)
  ISBN 3-8252-0034-5 (UTB)
  ISBN 3-7720-0005-3 (Francke)
NE: UTB für Wissenschaft / Uni-Taschenbücher

1. Auflage 1966
4., korrigierte und ergänzte Auflage 1986
5., unveränderte Auflage 1993

© 1993 · A. Francke Verlag Tübingen und Basel
Dischingerweg 5 · D-7400 Tübingen
ISBN 3-7720-0005-3

Einbandgestaltung: Alfred Krugmann, Stuttgart
Gesamtherstellung: Pustet, Regensburg
Printed in Germany

ISBN 3-8252-0034-5 (UTB-Bestellnummer)

Vorwort zur 1. Auflage

Seit Jahren gibt es eine Reihe guter Einführungen in die *moderne Logik*, auch *mathematische Logik* oder *Logistik* genannt. Und es gibt auch eine Fülle, meist allerdings nicht sehr guter Lehrbücher der *traditionellen Logik*. Dies Buch will eine Synthese der klassischen und der modernen Logik bieten. Es beschränkt sich dabei auf die elementaren Grundlehren der Logik und bietet diese ziemlich allgemeinverständlich so, daß keinerlei Vorkenntnisse in Mathematik oder Philosophie vorausgesetzt werden. Das soll jedoch nicht auf Kosten der wissenschaftlichen Zuverlässigkeit gehen. Was im Rahmen der gestellten Aufgabe geboten wird, entspricht dem gegenwärtigen Stande der Forschung. Aus dieser wird sogar einiges, zum Beispiel in der Syllogistik, geboten, was bisher noch nicht veröffentlicht wurde.

Die Fülle der oft simplen Beispiele soll zeigen, daß auch verhältnismäßig einfache Argumentationen, sofern sie stringent sein wollen, mit logischen Strukturen übereinstimmen müssen. Aber es wurden auch nicht die wichtigsten Formeln ausgelassen, die, wenn sie einmal verstanden sind, präziser und klarer als jedes Beispiel logische Zusammenhänge erhellen. Bei einer ersten informativen Lektüre des Buches mag man als Anfänger weitgehend über sie hinweglesen. Wer aber wirklich Logik lernen will, darf sich nicht vor der logischen Werkstattarbeit scheuen: er muß auch Formeln zu handhaben und Beweise durchzurechnen verstehen. Wer Klavier spielen lernen will, muß zunächst Fingerübungen machen. Wer zudem sieht, wie logische Beweise im Kalkül mechanisch gehandhabt werden, kann auch in etwa verstehen, wie programmgesteuerte elektronische Datenverarbeitung funktioniert. Beim Aussagenkalkül wird auf den Zusammenhang von logischen und arithmetischen Operationen ausdrücklich hingewiesen. Die Symbolik entspricht der von Heinrich Scholz mit Erweiterungen von Wilhelm Britzelmayr und mir. Die Darstellung der Syllogistik beruht auf Menne₂ (vgl. hier und ff. Literaturhinweise am Ende des Bandes). Im übrigen weiß sich dieses Werk vor allen den beiden Altmeistern der Logik I. M. Bocheński und Heinrich Scholz verpflichtet, deren Werke zum Weiterstudium darum vor allem empfohlen seien.

Hamburg, den 15. 1. 1966   A. Menne

Vorwort zur 2. Auflage

Für die 2. Auflage wurde der Text gründlich überarbeitet, Fehler und mögliche Mißverständnisse behoben. Ich schulde dafür Dank H. Christiansen. 1969 erschien eine spanische Übersetzung von Leopoldo-Eulogio Palacios unter dem Titel *Introdaccion a la Lógica* bei Editorial Gredos in Madrid.
Die Korrekturen las mit Dr. U. Neemann.

Hamburg, den 31. 7. 1972.   A. Menne

Vorwort zur 4. Auflage

Die 3. Auflage erschien als unveränderter Abdruck der 2. Auflage. Das Erscheinen dieser 4. Auflage habe ich benutzt, um Druckfehler und Unstimmigkeiten in Formeln und im Text zu korrigieren, wobei mir Frau Dr. Corinna Ullrich wertvolle Hilfe leistete. Außerdem wurde das Literaturverzeichnis ergänzt. Von einer an sich wünschenswerten Ergänzung um Kapitel über Modalitäten und Mehrwertige Logik habe ich abgesehen, um den Preis des Buches nicht unangemessen zu erhöhen. Wer an diesen und anderen weiterführenden Problemen interessiert ist, findet das in Bocheński/Menne, Grundriß der Formalen Logik, oder in Menne, Einführung in die Formale Logik.

Bochum, den 18. 6. 1986   A. Menne

0. Einleitung

«Zuerst collegium logicum» wird der angehende Studiosus in Goethes Faust noch ermahnt. Diese Forderung war damals selbstverständlich und auch war in etwa klar, was man darunter verstand. Der größte Philosoph unter den Zeitgenossen Goethes, Immanuel Kant (1724–1804), sagt in der Einleitung zu seiner *Kritik der reinen Vernunft*, daß ihr Begründer Aristoteles (384–322) die Logik gleich so vollkommen geschaffen habe, daß sie bis dahin keinen Schritt vorwärts und rückwärts habe tun können. Diese Meinung Kants war zwar falsch – er kannte eben nicht die Fortschritte, die die Logik bis dahin tatsächlich gemacht hatte. Aber wir können dieser Auffassung immerhin entnehmen, daß man damals unter Logik eine Wissenschaft verstand, die Probleme der Art behandelte, wie sie im *Organon* des Aristoteles zusammengefaßt sind.

Eine weit verbreitete Methode zur Ergründung der Bedeutung eines Wortes ist es, auf seinen Ursprung zurückzugehen. Logik kommt vom griechischen λόγος. Über dessen Sinn aber grübelte Faust schon nach und schlägt als Deutung der Reihe nach «*Wort*», «*Sinn*», «*Kraft*», «*Tat*» vor. Ich möchte hier einmal nachdrücklich vor solcher Methode warnen, denn viele Worte haben im Laufe der Geschichte ihre Bedeutung gründlich geändert: ἰδιώτης hieß soviel wie der einfache Soldat oder der Privatmann, keineswegs «Idiot», und βιολόγος darf man nicht mit «Biologe» übersetzen, sondern es bedeutete «Schauspieler». Übrigens darf man deshalb auch φιλοσοφία nicht mit «Philosophie» übersetzen, sondern es bedeutet ganz allgemein «Wissenschaft». Wenn man das einmal weiß, bekommt die Forderung Platos, der Staat solle von dem «Philosophen» regiert werden, einen ganz anderen Sinn! Um zu begreifen, was Logik ist, nützt es uns also sehr wenig, wenn wir uns das *Wort* «Logik» ansehen – wir müssen schon die *Sache* selbst betrachten. Und wenn wir das tun, wenn wir *die* Probleme ins Auge fassen, die Aristoteles in seinem *Organon* behandelt, dann könnten wir sagen: «*Logik ist die Lehre von der Folgerichtigkeit.*»

Was aber heißt folgerichtig? Das möchte ich an einigen Beispielen erläutern:

0.11 Wenn alle Antilopen Säugetiere sind und alle Säugetiere Wirbeltiere sind, so sind alle Antilopen Wirbeltiere.

Was in dem Beispiel mit «Wenn» eingeleitet wird, also was vor dem «so» steht, nennen wir die *Voraussetzungen* oder *Prämissen*, was zum Schluß kommt, auf das «so» folgt, heißt *Schlußsatz* oder *Konklusion.* Wir nennen einen Satz *folgerichtig*, wenn die bloße *Form* des Satzes garantiert, daß der Schlußsatz aus den Prämissen folgt. Was wir dabei unter der Form eines Satzes verstehen, hängt vom jeweiligen Grade der Abstraktion ab und wird später noch weiter präzisiert werden – hier soll es zunächst wiederum durch Beispiele erläutert werden: In dem Satz

0.12   Der Apfel ist rot.

können wir den Ausdruck «Der Apfel», der noch näher bestimmt werden soll, von dem Ausdruck «ist rot», der den ersten Ausdruck näher bestimmt, unterscheiden. Solche Ausdrücke, die näher bestimmt, genauer erläutert werden sollen, nennen wir *Argumente.* Um sie zu kennzeichnen, wollen wir Argumente in runde Klammern schreiben. Die Ausdrücke, die der Erläuterung oder näheren Bestimmung dienen, nennen wir *Funktoren.* Sie sollen durch Setzung in geschweifte Klammern gekennzeichnet werden. Dann würde unser Satz so aussehen:

0.13   (Der Apfel) {ist rot}

Nun gibt es aber auch Funktoren, die mehr als ein Argument bestimmen. Zwei Argumente hat beispielsweise der Funktor «ist größer als».

0.14   (Hamburg) {ist größer als} (Bremen)

Aus Zweckmäßigkeitsgründen stellt man gewöhnlich die Funktoren den Argumenten voran, und bei Bedarf kann man ihnen einen Index anhängen, um anzudeuten, wieviele Argumente sie bestimmen sollen. Im folgenden Beispiel wäre der Funktor «liegt zwischen» vierstellig:

0.15   {liegt zwischen}₄ (Holland) (Deutschland) (Belgien) (Nordsee)

Wenn man in so einem Gebilde den Platz für die Argumente leer läßt, um anzudeuten, daß man auch andere Worte als Argument einsetzen kann, erhält man gewissermaßen eine Gießform, die durch entsprechende Ausfüllung der leeren Stellen wieder einen Satz ergibt. Aus

0.16   {ist rot} (   )

erhält man durch Einsetzung von «die Fahne» in die Leerstelle als Argument

0.17   {ist rot} (die Fahne)

Um solche Leerstellen deutlich hervorzuheben, kennzeichnet man sie durch Buchstaben, die dann *Variable* genannt werden.

0.18 {ist rot} (x)

Eine solche Variable wie «x» bedeutet selbst also gar nichts, sondern zeigt nur eine Leerstelle an, in die etwas eingesetzt werden kann.

Man könnte natürlich auch den Funktor durch eine Variable ersetzen und erhielte dann etwa

0.19 {f} (der Apfel)

Dabei könnte für «f» eingesetzt werden «ist süß» oder «ist rund» usf. Die Ausdrücke, die fest stehenbleiben, also ihre feste Bedeutung behalten im Gegensatz zur Variablen, heißen *Konstante*.

Ein aus Funktor und Argument bestehender Ausdruck kann wiederum aufs neue durch einen Funktor bestimmt werden. Leerstellen, in die gleiches eingesetzt werden soll, werden durch gleiche Variable gekennzeichnet. Unser Beispiel 0.11 ließe sich also schreiben:

0.21 Wenn alle x y sind und alle y z sind, so sind alle x z.

Die genaue Struktur wäre sogar:

0.22 {Wenn so}$_2$ ({und}$_2$ ({alle sind}$_2$ (x) (y) {alle sind}$_2$ (y) (z)) {alle sind}$_2$ (x) (z))

0.21 und 0.22 zeigen uns nun die Form des Satzes. Was immer wir in dieser Form in die Leerstellen einsetzen – wir erhalten als Folge einen richtigen Satz. Das heißt, die bloße Form des Satzes garantiert seine Folgerichtigkeit. Setzen wir zum Beispiel für «x» «Quadrate», für «y» «Rechtecke», für «z» «Vierecke» ein, so ergibt sich

0.23 Wenn alle Quadrate Rechtecke und alle Rechtecke Vierecke sind, so sind alle Quadrate Vierecke.

Wir können auch ruhig Ausdrücke nehmen, deren Bedeutung uns nicht geläufig ist, z. B. «Zyklatoren», «Variatoren», «Permutatoren» und erhalten dann:

0.24 Wenn alle Zyklatoren Variatoren sind und alle Variatoren Permutatoren, so sind alle Zyklatoren Permutatoren.

Wenn man weitere Einsetzungen probiert, stößt man vielleicht auch auf Beispiele folgender Art:

0.25 Wenn alle Westfalen Zigarettenraucher sind und alle Zigarettenraucher Deutsche, so sind alle Westfalen Deutsche.

In diesem Beispiel sind die Prämissen offensichtlich falsch, doch der Schlußsatz ist wahr.

0.26 Wenn alle Studenten Nichtschwimmer sind und alle Nichtschwimmer blauäugig sind, so sind alle Studenten blauäugig.

In diesem Beispiel folgt aus falschen Prämissen ein falscher Schlußsatz. In folgerichtigen Sätzen können zwischen Prämissen und Schlußsatz also bezüglich der Wahrheit und Falschheit folgende Verhältnisse bestehen:

0.27   *wahr   –   wahr*   (vgl. 0.11)

       falsch   –   wahr   (vgl. 0.25)

       falsch   –   falsch   (vgl. 0.26)

Was aber in folgerichtigen Sätzen nicht vorkommen kann, ist das Verhältnis *wahr – falsch*. Das heißt, in einem folgerichtigen Satz kann aus wahren Prämissen niemals ein falscher Schlußsatz folgen.

Daß ein Satz folgerichtig ist, sagt zunächst noch nichts über die Wahrheit des Schlußsatzes. Erst wenn die Wahrheit der Prämissen in einem folgerichtigen Satz feststeht, steht auch die Wahrheit des Schlußsatzes fest.

Da tatsächlich alle Zyklatoren Variatoren sind und alle Variatoren Permutatoren sind, folgt aus 0.24 auch, daß alle Zyklatoren Permutatoren sind.

Im folgenden Beispiel sind Prämissen wie Schlußsatz wahr:

    0.31   Wenn alle Quadrate Vierecke sind und alle Rechtecke Vierecke sind, so sind alle Quadrate Rechtecke.

Doch dieser Satz ist trotzdem nicht folgerichtig! Seine Form wäre:

    0.32   Wenn alle x y sind und alle z y sind, so sind alle x z.

Setzt man hier für «x» «Hunde», für «y» «Säugetiere» und für «z» «Katzen» so ergibt sich:

    0.33   Wenn alle Hunde Säugetiere sind und alle Katzen Säugetiere sind, so sind alle Hunde Katzen.

Da sich hier aus wahren Prämissen ein offensichtlich falscher Schlußsatz ergibt, kann keine Folgerichtigkeit vorliegen. 0.32 ist also keine folgerichtige Satzform!

Warum aber sind manche Formen folgerichtig und manche nicht? Wie kann man folgerichtige Formen erkennen und neue bilden? Lassen sich die folgerichtigen Formen aus wenigen Grundformen alle folgerichtig gewinnen? Das sind unter anderem Fragen, die die Logik als Lehre von der Folgerichtigkeit beantwortet.

Als Form, die Folgerichtigkeit garantiert, hatten wir das Schema 0.21 kennengelernt. Setzen wir nun einmal für «x» «Sparer», für «y» «Kapitalisten» und für «z» «Ausbeuter» ein, so erhalten wir:

    0.41   Wenn alle Sparer Kapitalisten sind und alle Kapitalisten Ausbeuter sind, so sind alle Sparer Ausbeuter.

Die Prämissen scheinen hier wahr – aber der Schlußsatz ist es nicht. Bei diesem Beispiel läge also der ausdrücklich verworfene Fall vor, daß aus wahren Prämissen falsches folgt. Ist also unser Schema doch nicht folgerichtig?

Was hier nicht stimmt, wird durch das folgende Beispiel vielleicht noch deutlicher:

0.42 Wenn alle Kommandanten von Überseepassagierschiffen Kapitäne sind und wenn alle Kapitäne 90 PS haben, so haben alle Kommandanten von Überseepassagierschiffen 90 PS.

Hier bedeutet «Kapitän» offensichtlich einmal einen Menschen, der ein Schiff kommandiert, das andere Mal eine Automarke. Ähnlich bedeutet «Kapitalist» im vorigen Beispiel einmal schlicht den Besitzer von Kapital, das andere Mal jemanden, der den Besitz von Kapital mißbräuchlich ausnutzt. Nun müssen aber Leerstellen, die durch gleiche Variable bezeichnet werden, auch durch gleiche Argumente ausgefüllt werden. Daran fehlt es in den vorangehenden Beispielen: Es wird zwar für die gleiche Variable ein gleiches Wort eingesetzt – doch dieses hat an den beiden Stellen jeweils eine andere Bedeutung.

Den in den Prämissen zweimal auftretenden Term, der im Schlußsatz nicht wieder auftritt, nennt man den *Mittelbegriff*, nicht nur, weil er in der Mitte steht, sondern auch, weil er gewissermaßen das Mittel darstellt, das die beiden Prämissen verbindet und gestattet, aus ihnen die Konklusion zu ziehen. Dieser Mittelbegriff muß nun beide Male dieselbe Bedeutung haben, das heißt, er muß *eindeutig* sein. Eine wesentliche Voraussetzung für die Folgerichtigkeit ist also die Eindeutigkeit. Diese ist eine Eigenschaft, die nicht irgend einem Ding zukommt, sondern einer Beziehung; in unserem Fall der Beziehung des Bezeichnens oder Bedeutens, die zwischen einem Wort und dem Ding besteht, das es bezeichnet. Wir müssen uns deswegen im ersten Abschnitt der Logik mit der Lehre vom Zeichen befassen.

1. Vom Zeichen

Unter Zeichen ganz allgemein verstehen wir irgendetwas, das einem anderen, dem Bezeichneten zugeordnet ist; die Wahrnehmung oder Vorstellung des Zeichens ruft dann im allgemeinen auch die Vorstellung des Bezeichneten hervor.

Ist die Zuordnung zwischen Zeichen und Bezeichnetem von Natur aus gegeben, sprechen wir von *natürlichen Zeichen*. Solche natürlichen Zeichen würden zum Beispiel sein: das frische Grünen der Laubbäume als Zeichen für den Frühling; Fieber als Zeichen einer Erkrankung; Ginstersträucher als Zeichen eines trockenen Bodens. Das Paradebeispiel der Logikbücher war seit je der Rauch als natürliches Zeichen des Feuers.

Zeichen können aber auch durch den Menschen künstlich geschaffen werden: so soll der berühmte Knoten im Taschentuch Zeichen für eine bestimmte Verabredung sein.

Zeichen, deren Gebrauch willkürlich vereinbart wurde, nennt man *konventionelle Zeichen*. Solche konventionellen Zeichen sind zum Beispiel die Zuordnungen bestimmter Lichtsignale zu Weisungen für den Straßenverkehr, also rot zu «Halten», grün zu «Fahren», gelb zu «Kreuzung frei machen», gelbes Blinklicht zu «Vorsicht».

Ein *indizierendes Zeichen* enthält einen Hinweis zur Auffindung des bezeichneten Gegenstandes. So weist der Wegweiser in die Richtung des Ortes, den er bezeichnet; der Verkehrsschutzmann weist mit dem Arm in die freie Fahrtrichtung; die Hinterräder des großen Himmelswagens gestatten, den Polarstern zu finden, und die Leuchtschrift «Holstenbräu» weist darauf hin, daß man hier seinen Durst stillen kann.

Ein *ikonisierendes Zeichen* bildet den bezeichneten Gegenstand irgendwie ab. Dabei werden natürlich Farbe, Form, Größe, Beschaffenheit des Bezeichneten im Zeichen anders sein können. Die Wachsfigur Heinrichs VIII. im Panoptikum an der Reeperbahn ist so ein ikonisierendes Zeichen des berühmten englischen Herrschers, Reformators und Gattinnenmörders. Auch Fotos, Skulpturen, Gemälde sind ikonisierende Zeichen. (Wieweit das bei moderner Kunst noch zutrifft, ist allerdings problematisch.) Auch eine Landkarte oder die rein topologische Skizze des U-Bahn-Netzes wären ikonisierende Zeichen.

Von *symbolischen Zeichen* oder kurzweg nur von *Symbolen* spricht man, wenn das Zeichen aufgrund eines natürlichen oder historischen Zusammenhangs mit einer gewissen Idee in Verbindung steht. So kann die Sonne das Symbol des Lebens, das Kreuz Symbol des Glaubens, die Fahne Symbol des Vaterlandes sein. In der Logik dagegen pflegt man «Symbol» ohne solche Hintergedanken zu gebrauchen und nennt jedes Kalkülzeichen Symbol. «*Symbolic Logic*» bedeutet also ganz einfach eine Logik, die künstliche Zeichen benutzt.

Oft sind in einem Zeichen verschiedene Arten von Zeichen und Grade der Willkür miteinander vermischt. So ist es eine willkürliche Konvention, daß runde Verkehrsschilder Verbote und Gebote enthalten, dreieckige Warnungen und rechteckige bloße Hinweise. Dagegen liegt bei den beiden entgegengesetzten Pfeilen für «Gegenverkehr» und dem «Z» für «Kurve» ein ikonisierendes Zeichen vor, allerdings von großem Abstraktionsgrad.

Wichtig ist folgende Unterscheidung: ein Zeichen, das für sich allein nichts bezeichnet, wohl aber zusammen mit anderen Zeichen, heißt *unvollständiges* oder *unselbständiges* oder *synkategorematisches Zeichen*. Beispiele dafür:

Die Partikel «in», «an», «auf», «mit» bezeichnen allein noch gar nichts, wohl aber in Zusammensetzungen wie «in der Bar», «an einem Donnerstag», «auf St. Pauli», «mit meiner Freundin». Ebenso bedeuten Klammern in der Mathematik oder die Interpunktionszeichen für sich nichts; auch ein Schild mit der Inschrift «von 16 bis 19» bedeutet als Verkehrszeichen erst etwas, wenn es unter einem Park- oder Halteverbot steht.

Im Gegensatz zu diesen synkategorematischen Zeichen kommt den *vollständigen, selbständigen* oder *kategorematischen Zeichen* eine eigene Bedeutung zu: «Aristoteles» bezeichnet jenen berühmten Philosophen, der von 384–322 v. Chr. lebte und u.a. Logik und Metaphysik schuf. «Stuhl» bezeichnet irgendein Sitzmöbel. «Dortmund» bezeichnet jene Stadt im Ruhrgebiet, die die größten deutschen Brauereien und Stahlwerke beherbergt. «Trinken» bezeichnet eine Tätigkeit, die ebenso lebensnotwendig ist wie sie bei entsprechendem Stoff auch wohltuend und aufmunternd sein kann, «Dumm» eine Eigenschaft, die auch durch das Studium der Logik nicht unbedingt verloren geht. Auch das Hermannsdenkmal im Teutoburger Wald ist ein kategorematisches Zeichen und ebenso das Ziehen des Hutes zur Begrüßung.

Zeichen begegnen uns also fast überall im Alltag wie in der Wissenschaft. Ohne Zeichen wäre dieses Buch hier nicht möglich – denn jeder gedruckte Buchstabe ist ja ein Zeichen. Ohne Zeichen wäre keinerlei menschliche Gemeinschaft möglich – selbst Stumme verständigen sich mit Gesten. Das Lächeln ist Zeichen der Freude und des Wohlwollens, das Stöhnen Zeichen des Schmerzes, der an die Stirn erhobene Finger Zeichen der Geringschätzung der geistigen Fähigkeiten des so Angesprochenen.

Wegen dieser fundamentalen Bedeutung der Zeichen befassen sich auch zahlreiche Wissenschaften mit den Zeichen. Neben der Ausdruckspsychologie und Sprachwissenschaft gibt es so die *Semantologie* oder *Semasiologie* als allgemeine Lehre vom Zeichen. *Semiotik* hat gleich zwei Bedeutungen: es kann die Lehre von den Zeichenreihengestalten sein oder die logische Lehre vom Zeichen, auch *Metalogik* genannt. Diese wieder besteht aus *Syntaktik*, die die Beziehungen von Zeichen untereinander untersucht; aus *Semantik*, die die Beziehungen von Zeichen und Bezeichnetem zum Gegenstand hat; die *Pragmatik* beschäftigt sich mit den Beziehungen zwischen Zeichen und ihren Benutzern. *Signifik* schließlich ist die Lehre von den Zeichen als menschlichen Verständigungsmitteln.

Unter einem *Zeichen erster Art* wollen wir ein konkretes Ding oder ein physikalisches oder psychologisches Ereignis verstehen, das einem ganz bestimmten Ereignis oder Ding zugeordnet ist. Beispiele dafür wären der Knoten, den Fritz Meier am 10. Mai in sein rot-weiß kariertes Taschentuch macht, um sich zu erinnern, daß er auf dem Heimweg Blumen für seine Frau kaufen will. Auch wenn Gerd mit einem bestimmten Pfeifsignal an einem bestimmten Abend seinen Freund auf die Straße hinunter bittet, liegt ein solches Zeichen erster Art vor; ebenso wenn wir das Brandenburger Tor das Wahrzeichen Berlins nennen. Zeichen erster Art werden auch Signale genannt.

Trifft man nun die Vereinbarung, daß mehrere ungefähr gleichgestaltige Zeichen erster Art Gleichartiges bezeichnen sollen, so erhalten wir *Zeichen zweiter Art*. Beispiele dafür: die Klasse der Parkverbots-Schilder (jedes dieser Schilder verbietet nicht nur einmal bei einer bestimmten Gelegenheit das Parken, sondern ganz allgemein); die Klasse der Kommandos «Abteilung halt!» (der Soldat lernt, daß jedesmal, wenn dieses Kommando ertönt, in gleicher Weise die Marschkolonne anzuhalten hat); die Klasse der Mercedes-Sterne (jeder dieser Sterne kennzeichnet ein Auto als Fabrikat derselben Firma). **Wann zwei Zeichen als *gleichgestaltig* gelten sollen, ist eine Sache**

14

der Konvention (so kann man vereinbaren, daß die Größe oder Farbe eines Buchstabens dessen Bedeutung nicht verändern soll, man kann aber auch vereinbaren, daß kursiver Druck oder Frakturdruck nicht gleichwertig mit Antiqua sein soll). Gleichgestaltige Zeichen brauchen keineswegs immer und überall Gleichartiges zu bezeichnen. Das Zeichen für Kreisverkehr (eine blaue Kreisscheibe mit drei zyklisch angeordneten, leicht gekrümmten weißen Pfeilen darauf) bezeichnete in Deutschland z. B. die Regelung, daß den bereits im Kreis befindlichen Fahrzeugen die Vorfahrt zusteht, in der Schweiz dagegen, daß die im Kreis befindlichen Fahrzeuge den von rechts in den Kreis einbiegenden die Vorfahrt lassen müssen. Es ist bei Zeichen also ihr Geltungsbereich – zeitlich wie örtlich – zu beachten.

Auch Worte sind Zeichen. Unter einem *Wort* verstehen wir ursprünglich ein von menschlichen Sprechwerkzeugen artikuliertes, akustisch wahrnehmbares Zeichen, das wir *Akustem* nennen wollen. Das dem gesprochenen Wort zugeordnete schriftliche Zeichen nennen wir *Graphem*, das dem Wort zugeordnete psychische Erlebnis *Psychem*, das durch Gesten angedeutete Wort *Kinem*.

Akusteme, Grapheme, Psycheme und Kineme sind zunächst Zeichen erster Art. Durch Wiederholung solcher Worte erster Art entsteht die Klasse gleichartiger Worte; diese nennen wir Wort zweiter Art. Ein *Wort zweiter Art* aber bezeichnet nicht mehr ein bestimmtes konkretes Ding, sondern ist dem *Begriff* dieses Dinges zugeordnet. (Die menschliche Sprache umfaßt nur Worte zweiter Art, d. h. Wörter, die in gleichartiger Weise wiederholt gebraucht, auch Gleichartiges bezeichnen. Nur solche Wörter zweiter Art enthält beispielsweise ein Wörterbuch. Ein Wort erster Art dagegen würde vorliegen, wenn ein bestimmter Mensch eine einmalige Situation oder einen bestimmten Gegenstand mit einem ganz bestimmten Wort bezeichnet. Das tatsächlich ausgesprochene oder geschriebene Wort ist zwar stets ein Wort erster Art, aber es steht als Zeichen für ein Wort zweiter Art.)

Gottlob Frege (1848–1925) hat auf den Unterschied zwischen Sinn und Bedeutung eines Wortes hingewiesen. Unter *Sinn* soll die Art der Gegebenheit, unter *Bedeutung* der objektiv bezeichnete Gegenstand verstanden werden. Sein Paradebeispiel ist der Hinweis, daß «Morgenstern» und «Abendstern» einen verschiedenen Sinn haben, aber dieselbe Bedeutung, nämlich den Planeten Venus.

Die Beziehung zwischen Zeichen und Bezeichnetem ist eine Relation. Deshalb müssen wir uns auch etwas mit den Eigenschaften von Relationen befassen. Eine *Relation*, die zu einem Vorderglied jeweils mehrere Hinterglieder haben kann, heißt *einmehrdeutig*. Beispiel: «Mutter von» in dem Satze «*A* ist die Mutter von *B*». Hier kann es zu einem *A* jeweils mehrere *B* geben, da eine Mutter ja mehrere Kinder haben kann. Aber zu einem *B* kann es jeweils nur ein *A* geben, da jedes Kind nur eine Mutter haben kann (Mutter ist hier selbstverständlich als leibliche Mutter gemeint – nicht als Stief-, Adoptiv-, Pflegemutter).

Eine Relation, die zu einem Hinterglied jeweils mehrere Vorderglieder haben kann, heißt *mehreindeutig*. Beispiel: «*A* ist Quadratwurzel von *B*», denn *B* kann zwei Quadratwurzeln haben, eine positive und eine negative.

Eine Relation, in der es zu je einem Vorderglied genau ein Hinterglied gibt, heißt *eineindeutig*. Beispiel: «verheiratet mit», denn (zumindest in Mitteleuropa) kann ein *A* zugleich nur mit einem *B* verheiratet sein und umgekehrt.

Eine Relation heißt *mehrmehrdeutig*, wenn jedes Vorderglied mehrere Hinterglieder haben kann und umgekehrt. Beispiele: «bekannt mit», «Arbeitskollege von», «Mitschüler von», denn es gibt jeweils mehrere Menschen, die jeweils mehrere Bekannte, Arbeitskollegen, Mitschüler haben.

Ein Spezialfall der Ein-Mehrdeutigkeit ist die *Analogie*. Sie liegt vor, wenn die verschiedenen bezeichneten Gegenstände in einem gewissen Abhängigkeitsverhältnis voneinander stehen oder eine gewisse Gleichheit der Strukturen besitzen. Beispiel für den ersten Fall: «gesund» bezeichnet ursprünglich die normale körperliche Verfassung des Menschen, wird dann aber analog auch für Dinge gebraucht, die Ausdruck der Gesundheit sind oder ihr dienlich sind. So spricht man etwa von «gesunder Gesichtsfarbe», «gesunder Nahrung», «gesundem Klima», «gesunder Kleidung», «gesunder Wohnung» usf. Beispiel für den zweiten Fall: «Fuß» bezeichnet ursprünglich einen menschlichen Körperteil; analog spricht man dann auch vom «Fuß der Lampe», «Fuß des Berges», «Fuß des Tisches», «Versfuß» usf.

Ideal wäre es, wenn alle Zeichen eineindeutig dem jeweils Bezeichneten zugeordnet wären, denn jede Mehrdeutigkeit kann Anlaß zu Unklarheit, Verwechslung, ja Irrtum sein. In den historisch gewachsenen menschlichen Sprachen aber wimmelt es leider nur so von Mehrdeutigkeiten. Weil die üblichen Sprachen selbst nicht logisch aufgebaut sind, deswegen gerade brauchen wir neben der Sprache noch eine besondere Logik. Wenn auch für die Logik die Mehrdeutigkeiten in der Sprache von Nachteil sind – sie haben auch ihre Vorteile: die Sprachen schaffen es so, mit einem begrenzten Vorrat von Worten eine schier unbegrenzte Menge von Gegenständen auszudrücken und für neue Gegenstände immer wieder pas·sende Worte zu finden.

Betrachten wir zunächst einmal die Beziehung zwischen dem Akustem und dem Graphem, also dem gesprochenen und geschriebenen Wort: Wenn wir im Deutschen «stat» sagen, kann das «Stadt» und «statt» geschrieben werden; wenn wir «das» sagen, kann das «das» und «daß» geschrieben werden! Für das gleiche Akustem schreiben wir einmal «malen» und das andere Mal «mahlen» usf. Alle diese Beispiele zeigen, daß hier eine «Ein-Mehrdeutigkeit» vorliegt. Im Englischen oder Französischen lassen sich noch viel mehr Beispiele solcher Ein-Mehrdeutigkeit zwischen Wort und Schrift beibringen; «hiə» kann «hear» und «here», «ðɛə» kann «there» und «their» geschrieben werden. Selbst für einen Franzosen dürfte es schwierig sein, den folgenden Satz beim ersten Hören orthographisch einwandfrei niederzuschreiben, in dem neunmal die Lautverbindung «si» auftritt: «Si six scies scient six cyprès, une scie scie un cyprès.» (Wenn sechs Sägen sechs Zypressen sägen, sägt eine Säge eine Zypresse.) Und Friedrich der Große wurde von Voltaire einmal damit geärgert, daß sein Schloß «Sans souci» (Sorgenlos) auch «Cent Soucis» (Hundert Sorgen) bedeuten könne. Da «souci» auch «Ringelblume» bedeuten kann, könnte man noch zwei weitere Bedeutungsmöglichkeiten angeben.

Nun gibt es aber auch Beispiele dafür, daß verschiedener Aussprache die gleiche Schreibweise entspricht, so wird «*ü*bersetzen» wie «übers*e*tzen» gleich geschrieben, desgleichen die Stadt Par*i*s und der trojanische Prinz Par*i*s. Im Lateinischen kann das gleiche Wort «Maria» je nach Betonung ein Mädchenname und den Plural von «mare» (das Meer) bedeuten. «Populus» wird mit kurzem oder langem «o» gesprochen, je nachdem ob es «Volk» oder «Pappel» bedeuten soll. In all diesen Fällen liegt Mehr-Eindeutigkeit der Beziehung zwischen Akustem und Graphem vor.

Für die Beziehung zwischen einem bestimmten Akustem und seinem Graphem besteht natürlich auch die Möglichkeit, daß sie eineindeutig ist. So läßt das Wort «Landungsbrücke» nur eine Aussprache und eine Schreibweise zu. Dieser Idealfall ist aber leider, wie die vorangehenden Beispiele zeigen, nicht immer gegeben: die Beziehung Akustem-Graphem kann also sowohl eineindeutig als einmehrdeutig oder mehreindeutig sein. Mehrmehrdeutig dagegen dürfte kaum vorkommen.

Unter den Wörtern gibt es solche, die ein ganz bestimmtes Einzelding oder Individuum benennen. Solche Wörter nennen wir *Eigennamen* oder auch kurz *Namen*. Beispiele: «dies Stück Kreide», «die Stadt Hamburg», «Karl der Große», «der Kölner Dom», «der Verfasser des Faust».

Es gibt andere Wörter, die eine Klasse von gleichartigen Gegenständen bezeichnen; zum Beispiel meint «Stuhl» nicht einen bestimmten Stuhl, sondern alle die Sitzmöbel, die in bezug auf Bequemlichkeit und Komfort zwischen Hocker und Sessel liegen. Scharf abgegrenzt sind übrigens «Stuhl» und «Sessel» nicht voneinander – manche Gegenstände könnten als beides bezeichnet werden. Solche Klassen von Gegenständen werden auch *Universalien* genannt oder *Allgemeinbegriffe*. Auf den Begriff «Begriff» kommen wir später noch eingehend zurück.

Wenn wir nun wiederum die Beziehung zwischen einem Wort für ein Universale und dem bezeichneten Gegenstand betrachten, werden wir schnell Beispiele für Ein-Mehrdeutigkeiten finden: «Bauer» kann einen Landmann und einen Vogelkäfig bezeichnen, «Reis» ein Nahrungsmittel und einen Zweig, «Tau» ein dickes Seil, an Pflanzen kondensierte Luftfeuchtigkeit und einen griechischen Buchstaben, «Dom» eine Kirche und den Dampfsammler der Lokomotive, «Hund» ein Tier und einen Transportwagen im Bergbau, «Lore» ein Mädchen und ein Wägelchen einer Feldeisenbahn, «Schloß» ein Gebäude, ein Teil des Gewehres und irgendwelche Schließvorrichtungen oder Sperren an Türen, Halsketten, Lenkrädern usf. Wenn wir nur das Akustem berücksichtigen, kann «lerche» ein Baum oder ein Vogel sein, «seite» ein Teil eines Musikinstrumentes (Saite) oder Vorder- bzw. Rückseite, ja auch eine Speckseite, «leib» soviel wie Körper eines Lebewesens oder ein Brot (Laib).

In fast allen anderen historisch gewordenen Sprachen lassen sich eine Fülle ähnlicher Beispiele für Ein-Mehrdeutigkeit finden. Die Kunstsprachen dagegen, wie Esperanto, suchen solche Mehrdeutigkeiten zu vermeiden.

Umgekehrt lassen sich auch Beispiele für Mehr-Eindeutigkeiten finden, also Fälle, in denen einem Gegenstand in einer Sprache mehrere Worte entsprechen: «Schlips» wie «Krawatte» bezeichnen

18

beide jenes lästige Modeattribut, ohne das man in keine bessere Gesellschaft Einlaß erhält. «Ulme» und «Rüster» bezeichnen die gleiche Baumart; «Telefon» wie «Fernsprecher», «Kraftrad» wie «Motorrad» meinen jeweils dasselbe. «Samstag» und «Sonnabend» meinen beide den siebten Wochentag. «Opa» und «Großvater», «Bottich» und «Bütte», «Karbonade» und «Kotelett», «Schornstein» und «Kamin» sind weitere Beispiele für Mehreindeutigkeit.

Solche mangelnde Eindeutigkeit richtet im allgemeinen nicht viel Schaden an, da sich meist aus dem Zusammenhang ergibt, welche Bedeutung gemeint war. Selbst Übersetzungsmaschinen können das schon weitgehend aus dem Zusammenhang unterscheiden, und sie müssen es können, wenn sie brauchbar sein sollen. Schwieriger wird es, wenn die Unterschiede weniger kraß sind, wie bei der Analogie und Supposition.

Wie schon erwähnt, ist die *Analogie* eine Spezialart der Ein-Mehrdeutigkeit. Sie ist geradezu das Lebenselement der Sprache, denn sie ermöglicht es, daß ein und dasselbe Wort in immer wieder neue Bedeutungen hineinwächst. So ist zum Beispiel Farbe in ursprünglicher Bedeutung etwas visuell Wahrnehmbares. Doch analog spricht man dann auch von «Klangfarbe», «Farbigkeit des Stiles», «politischer Farbe». «Warm» wird von der Temperatur auf Gefühl und Farbe übertragen. Die Analogie wird schließlich zur Metapher: «Es lächelt der See»; «Die Himmel rühmen»; «Die ganze Welt ist wie ein Buch, darin uns aufgeschrieben in bunten Zeilen manch ein Spruch, wie Gott uns treu geblieben». Je häufiger und bunter(!) die Analogien, um so plastischer(!) und dichterischer ist die Sprache. Und umgekehrt sagt Jean Paul, daß die Sprache aus verblaßten(!) Metaphern bestehe.

Folgerichtigkeit setzt Eindeutigkeit voraus. Analogie und Metapher aber sind Mehrdeutigkeiten. Der Logiker ist keineswegs so unpoetisch, alle Metaphern zu verbieten und zu zerstören – aber er sollte sie als solche durchschauen, um nicht aus bloßen Metaphern angeblich folgerichtig voreilige Schlüsse zu ziehen. Um Gebilde dichterischer Phantasie erfassen zu können, muß man allerdings selbst ein gutes Maß an Phantasie besitzen: ein phantasieloser Philister wird kaum ein scharfsinniger Logiker werden können. (Näheres über Analogie möge man der zum Schluß angeführten Literatur entnehmen: Menne₁, Bocheński₁, Söhngen₁.)

Unter *Supposition* eines Wortes versteht man die Art und Weise, in der das Wort angewandt wird. Die Theorie der Supposition wurde in der Scholastik ausgebildet und erreichte damals schon einen sehr hohen Stand. In dem seit dem 13. Jahrhundert am weitesten verbreiteten Lehrbuch der Logik, den *Summulae logicales* des Petrus Hispanus (1210/20–1277), wird ein ganzer Abschnitt der Supposition gewidmet. Diese Theorie geriet merkwürdigerweise später weitgehend in Vergessenheit und wurde in vereinfachter Form erst von der modernen Logik neu begründet. Am gründlichsten dargestellt wird sie bei Uuno Saarnio in seinen *Untersuchungen zur symbolischen Logik* (Helsinki 1935).

In den beiden Aussagen: «Hamburg ist der bedeutendste deutsche Hafen» und «Hamburg ist ein Substantiv» wird das Wort «Hamburg» beide Male offensichtlich ganz verschieden angewandt. Diese verschiedene Anwendungsweise nennt man *Supposition*. Im ersten Fall, da «Hamburg» eine bestimmte Sache bezeichnet, spricht man von *formaler Supposition*, im zweiten Fall, da «Hamburg» das Wort «Hamburg» selbst bezeichnet, spricht man von *materialer Supposition*. Im Englischen spricht man von *use* und *mention*. Die materiale Supposition, bei der gewissermaßen das Wortmaterial selbst betrachtet wird, kennzeichnet man durch Anführungszeichen an dem betreffenden Wort. Beispiel: «‹Ruth› ist einsilbig» heißt also: «Das Wort ‹Ruth› ist einsilbig.» – «Ruth ist einsilbig» aber bedeutet soviel wie: «Ruth ist wortkarg.» «Einsilbig» wird übrigens in beiden Sätzen nicht eindeutig, sondern analog gebraucht.

Die formale Supposition kann sein entweder eine begriffliche oder eine reale. Sie heißt *begrifflich* oder auch *logisch* oder auch *intentional*, wenn das Wort angewandt wird auf die Art des Begriffs, auf die Stellung, die dem Begriff im Verstande zukommt. Beispiel: «Lebewesen ist eine Gattung»; «Mensch ist eine Art». Die Supposition heißt *real*, wenn das Wort für die Sache steht, für das, was unabhängig von unserem Denken das Ding ist. Beispiel: «Der Hund ist ein Säugetier»; «Helgoland ist eine Insel»; «Die St. Pauli-Landungsbrücke ist 800 m lang».

Die reale Supposition wiederum heißt *absolut*, wenn das Wort sich auf die Natur, den allgemeinen Begriff oder das Wesen eines Gegenstandes bezieht, ohne auf den Träger dieser Natur, auf die unter den Begriff fallenden Gegenstände abzuzielen. Beispiele: «Der Mensch ist ein vernunftbegabtes Wesen»; «Das Grün tut den Augen wohl»; «Das Dreieck hat eine Winkelsumme von zwei Rechten».

Die reale Supposition heißt dagegen *persönlich*, wenn durch das Wort sowohl die Natur als auch der Träger dieser Natur bezeichnet wird, wenn neben dem allgemeinen Begriff auch die unter den Begriff fallenden Gegenstände gemeint sind. Beispiele: «Jeder Mensch ist ein vernunftbegabtes Wesen»; «Jede grüne Fläche tut den Augen wohl»; «Jedes Dreieck hat eine Winkelsumme von zwei Rechten». Bei Individuen-Namen wie «Helgoland» und «St. Pauli Landungsbrücken» ist die reale Supposition stets eine persönliche. Bei Klassen- oder Allgemeinbegriffen wird die persönliche Supposition meist durch Zusätze wie z. B. «jeder» gekennzeichnet.

Die persönliche Supposition heißt *verbindend* oder *kopulativ*, wenn das Wort auf alle Träger der Natur bezogen wird. Beispiele: «Die Kuh ist ein Wiederkäuer»; «Die Vögel sind gefiedert»; «Das Automobil ist ein Motorfahrzeug».

Bezeichnet das Wort dagegen nur einige Träger der Natur, mit anderen Worten: sind nur einige der Gegenstände gemeint, die unter den Begriff fallen, heißt die Supposition *trennend* oder *disjunktiv*. Beispiele: «Die Kuh ist schwarz-weiß gefleckt»; «Einige Vögel sind Raubvögel»; «Es gibt Automobile mit Zweitaktmotoren». Die kopulative Supposition schließlich kann distributiv oder kollektiv sein. Sie heißt *distributiv*, wenn das Wort zwar alle Träger seines Inhaltes, aber auch jeden einzelnen insbesondere meint. Beispiele: wie oben unter kopulativ; ferner: «Jeder Mensch ist sterblich». Sie heißt *kollektiv*, wenn das Wort die Träger seines Inhaltes nur als ganzes verbunden meint. Beispiele: «Alle Apostel waren zwölf»; «Alle Bundesminister bilden die Bundesregierung».

1.1   *Supposition*

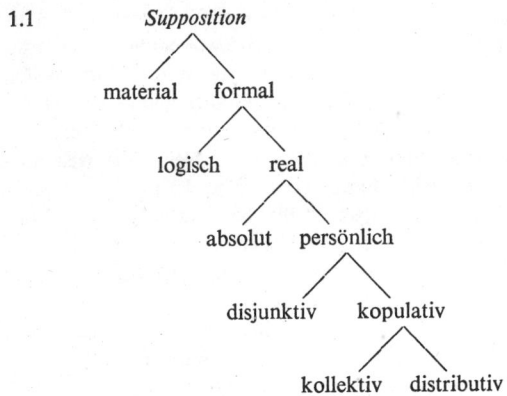

Diese fünf Unterscheidungen zeigen wohl, was die Supposition meint und worauf es dabei ankommt. (In der Umgangssprache wird die Supposition zum Teil durch den Gebrauch des Artikels oder Zusätze wie «alle», «jeder», «einige», «alle zusammen» angedeutet.)

Die Theorie der Supposition wurde in der Scholastik noch weiter ausgebaut und verfeinert, doch für den logischen Normalverbraucher mögen die hier angeführten Suppositionen genügen. Wer da sagt, das seien übertriebene Spitzfindigkeiten und Haarspaltereien (wie man das der Scholastik oft vorwarf), der sei darauf hingewiesen, daß ohne eine Theorie der Supposition Paradoxien und Fehlschlüsse kaum zu vermeiden sind. Und es ist symptomatisch für den Niedergang der Logik ab 1500, daß die Suppositionslehre immer mehr in den Hintergrund trat und – abgesehen von der *Neuscholastik* – um 1900 fast ganz vergessen war, bis sie dann von der modernen Logik neu entdeckt wurde.

Abgesehen von der subtileren Bedeutungsanalyse ist die Kenntnis der Supposition wichtig zur Sicherung der Eindeutigkeit und damit der Folgerichtigkeit von Schlüssen. Beispiel: «Wenn alle Apostel zwölf sind und alle Zwölfen Zahlen sind, so sind alle Apostel Zahlen». Dieser Schluß ist unzulässig, da «Apostel» und «Zwölf» in der ersten Prämisse in kollektiver Supposition stehen, «Zwölf» in der zweiten Prämisse und «Apostel» im Schlußsatz aber in distributiver Supposition.

Die Supposition gibt zur Bildung analoger Begriffe Anlaß: Ausdrücke wie «Tisch», «Stuhl», «Kreide» sind Wörter. Ausdrücke wie «‹Tisch›», «‹Stuhl›», «‹Kreide›» sind Wörter für Wörter oder Worteswörter. Wenn wir nun auch die Worteswörter und die Wörter beide als «Wörter» bezeichnen, so ist jetzt das Wort «Wort» analog zu «Wort» im ersten Sinn zu verstehen. Ähnlich gibt es Zeichen für Dinge und Zeichen für Zeichen; beide gemeinsam aber sind nur Zeichen im analogen Sinn. Die Vermengung solcher analogen Ausdrücke kann zu Paradoxien führen wie die folgenden Beispiele zeigen:

Ein Wort, das auf sich selbst zutrifft, heiße «autolog»; ein Wort, das nicht auf sich selbst zutrifft, heiße «heterolog»; das Wort «dreisilbig» ist dann autolog, da es ja drei Silben hat; das hier gedruckte Wort «schwarz» ist autolog, da es ja schwarz gedruckt ist; «einsilbig» dagegen wäre heterolog, denn es hat nicht eine, sondern drei Silben; auch das Wort «rot» wäre heterolog, da es hier ja in schwarzer Farbe gedruckt ist. Will man nun alle Wörter in die beiden Klassen «autolog» und «heterolog» einteilen, so ergibt sich, daß «autolog» selbst zwar autolog ist, daß aber «heterolog», sofern es heterolog wäre, in die Klasse der autologen Worte gehörte, sofern es aber autolog wäre, in die Klasse der heterologen Worte gehören würde. Diese Einteilung führt also zu einem offensichtlichen Widerspruch: der Grund dafür ist die Nichtbeachtung des Umstandes, daß «heterolog» ein Worteswort ist, also unter anderer Supposition Wort ist als die übrigen Wörter.

Der Katalog einer Bibliothek stellt ein Verzeichnis von Büchern dar. Nun habe dieser Katalog selber Buchform. Dann besteht die Möglichkeit, daß dieser Katalog sich selbst als Buch anführt, oder auch die Möglichkeit, daß er das nicht tut. Wird nun die Aufgabe gestellt, einen Katalog zu verfassen, der alle die und nur die Kataloge umfassen soll, die sich selbst nicht enthalten, so ergibt sich das Problem, ob dieser Katalog sich selbst enthalten muß: enthielte er sich selbst, wäre er kein Katalog, der sich nicht selbst enthielte, dürfte sich also mithin nicht selbst enthalten. Enthielte er sich nicht selbst, wäre er ein Katalog, der sich nicht selbst enthält, müßte sich also selbst enthalten. Diese Aufgabe führt also wiederum zu einer Paradoxie. Sie beruht darauf, daß einfache Kataloge und Katalogeskataloge beide nicht eindeutig im selben Sinn, sondern nur analog «Katalog» genannt werden können.

Bei analoger Bedeutung von «Zeichen» könnte man auch noch die Begriffe als Zeichen auffassen. Ein Begriff wäre dann gewissermaßen ein intellektuelles Zeichen für einen Gegenstand. Diese Auffassung birgt insofern gewisse Gefahren, als sie den Begriff zu einem psychischen Phänomen macht und so der *Psychologisierung* der Logik Vorschub leistet, die von so großem Unheil für die Logik war. Frege klagte seinerzeit mit Recht: «Und so kamen dann unsere dickleibigen Logikbücher zustande, aufgedunsen von ungesundem psychologischem Fette, das alle feineren Formen verhüllt.» (in: *Grundgesetze der Arithmetik*, Begriffsschriftlich abgeleitet, Jena 1893 p. XXV.) Sicherlich ist das Denken auch ein psychischer Vorgang und somit auch ein legitimer Gegenstand der Psychologie; doch wieweit das Denken die Wirklichkeit zu erfassen vermag und ähnliche Probleme, kann die Psychologie nicht entscheiden; das gehört in den Problembereich der Erkenntnistheorie. Und worin Folgerichtigkeit besteht und welche Strukturen des Denkens folgerichtig sind, das sind Probleme der Logik. Die Reinigung der Logik vom Psychologismus ist das Verdienst zweier bedeutender Philosophen, der bedeutendsten beiden deutschen Philosophen, die um die

Jahrhundertwende lebten: Edmund Husserl (1859–1938), der mit seinen *Logischen Untersuchungen* ab 1900 die *Phänomenologie* begründete; und Gottlob Frege (1848–1925), der mit seiner *Begriffsschrift* 1879 die *Logistik* begründete.

Ihm verdanken wir auch die erste exakte Erklärung dessen, was Begriff eigentlich ist. Traditionell verstand man unter *Begriff* «die Vorstellung eines Gegenstandes im allgemeinen». Andere sagen etwa: «ein Denkinhalt, der durch ein Wort bezeichnet wird, heißt Begriff». Aristoteles schließt sich noch enger an die Sprache an und versteht unter Begriff oder ὅρος die Bestandteile, in die der Satz sich als in Subjekt und Prädikat auflöst. Wenn wir nur die wichtigsten Schulen der Philosophie betrachten, erhalten wir wenigstens zwei Dutzend Bestimmungen dessen, was ein Begriff sein soll!

Die Erklärung von Frege ist nicht nur die exakteste, sondern auch die am wenigsten durch psychologische oder erkenntnistheoretische Voraussetzungen belastete. Er geht aus von der sogenannten *Aussageform*, die wir schon zu Anfang kennenlernten: Zerlegen wir die Aussage «Die Rose ist rot», so erhalten wir

1.2   {ist rot}   (die Rose)

Setzen wir für das Argument eine Leerstelle, die durch die Variable «x» gekennzeichnet sein möge, so ergibt sich die Aussageform

1.3   {ist rot}   (x)

Ganz allgemein hat eine Aussageform die Gestalt

1.4   {f}   (x)

Entsprechend einer mathematischen Funktion können wir eine solche Aussageform als Ausdruck einer Funktion betrachten, wenn wir der Reihe nach Argumente in die Leerstelle einsetzen. Wir sprechen dann von *Aussagefunktion*. Es gilt dann: Ein Begriff ist eine Aussagefunktion mit einer Variablen, die für jedes Argument ihres Wertbereichs eine wahre oder falsche Aussage ergibt.

Unter dem *Wertbereich* verstehen wir die Menge derjenigen Argumente, die überhaupt eingesetzt werden können, so daß sich wieder eine syntaktisch korrekte Aussage ergibt, wobei nur solche Gebilde als Aussage gelten, von denen man sinnvollerweise sagen kann, daß sie wahr oder falsch sind. Die Argumente müssen also zur gleichen *syntaktischen Kategorie* gehören. In unserem obigen Beispiel ist das die Kategorie der Namen, genauer der Individuen-Namen. Zum Wertbereich gehören also die Namen von bestimmten Einzeldingen: «die Tomate», «die Fahne», «die Nase», «die Zitrone», «dies Kreidestück», «das Eichhörnchen dort», «jener Rabe», «mein Auto», «dein Regenschirm» usf. Die Einsetzung von Argumenten dieser Art in die Aussagefunktion {ist rot} (x) ergibt teils wahre, teils falsche Aussagen. Nicht zum Wertbereich der Funktion würden Ausdrücke der Art gehören wie: «reden», «ist», «schläft», «die Studenten» usf. Ihre Einsetzung würde ein sinnloses Gebilde ergeben.

Ähnlich, wie man in der Mathematik vom Wert einer Funktion spricht, so ergibt auch eine Aussagefunktion einen Wert, und zwar den Wert des Wahren oder des Falschen. Diese beiden Werte heißen Wahrheitswerte. Von den Argumenten, die bei ihrer Einsetzung in eine Aussagefunktion den Wert des Wahren ergeben, sagt man, sie fallen unter den betreffenden Begriff, sind *Designate* dieses Begriffes. Von allen anderen Argumenten sagt man, sie fallen nicht unter den entsprechenden Begriff, sind keine Designate dieses Begriffes. Die Klasse aller Designate eines Begriffes heißt der *Umfang* oder die *Extension* des Begriffs. Wenn jeder unter den Begriff *A* fallende Gegenstand auch unter den Begriff *B* fällt, aber nicht umgekehrt, so heißt der Begriff *B* ein Bestandteil des Begriffes *A*. Beispiel: «Jeder Vogel ist zweifüßig». Hier kann «zweifüßig» als ein Bestandteil des Begriffes «Vogel» aufgefaßt werden.

Die Gesamtheit der Bestandteile eines Begriffes heißt der *Inhalt* eines Begriffes. Der Inhalt eines Begriffes läßt sich auch aus dem Prädikat entnehmen, das der Funktor enthält, der die Aussageform bildet. Es heißt die *Intension* des Begriffes. Gibt man einen Begriff durch Nennung dieses Prädikates an, spricht man von intensionaler Betrachtung. Beispiel: das Prädikat «skandinavische Monarchie» bestimmt intensional einen Begriff. Zählt man dagegen die Gegenstände auf, die unter den Begriff fallen, spricht man von extensionaler Betrachtung. Beispiel: «Dänemark, Schweden, Norwegen» ergeben extensional den Begriff «skandinavische Monarchie».

Nun kann es natürlich Begriffe geben, unter die überhaupt kein Gegenstand fällt. Solche Begriffe nennen wir *leere Begriffe*, ihre Extension ist die *Nullklasse*. Beispiele: «Stadt, die nördlich von sich selber liegt»; «viereckiger Kreis»; «Primzahl zwischen 31 und 37».

Ein Begriff, unter den genau *ein* Gegenstand fällt, heißt *Individual-* oder *Einzelbegriff*, seine Extension ist eine *Einerklasse*. Beispiele: «bayrische Millionenstadt», «Begründer der Relativitätstheorie», «Kölner Dom».

Begriffe, unter die mehr als ein Gegenstand fält, heißen Allgemeinbegriffe oder Gattungs- bzw. Artbegriffe. Beispiele: «Tisch», «Haus», «Hand», «Tier», «Stadt», «Student».

Solche Allgemeinbegriffe kann man sich aus ihren Designaten durch Abstraktion entstanden denken, genauer, durch *Totalabstraktion:* man sieht vom Ganzen des Gegenstandes ab, vernachlässigt sogenannte unwesentliche Eigenschaften, um nur das Typische, die Art, die Gattung hervorzuheben. Beispiel: Betrachten wir es einmal als unwesentlich, ob jemand Deutscher oder Ausländer, männlich oder weiblich, verheiratet oder ledig ist, ob er sich mit Medizin, Rechts-, Natur- oder Geisteswissenschaften befaßt und fassen als wesentlich nur ins Auge, daß er zur Bildung und Ausbildung an einer Hochschule immatrikuliert ist, so erhalten wir den Allgemeinbegriff «Student».

Bei der *Formalabstraktion* dagegen sieht man vom Träger der Eigenschaften ab und kommt so von den einzelnen beim jeweiligen Träger ganz bestimmt ausgeprägten Beschaffenheiten zu einer allgemeinen Eigenschaft. Das Ergebnis nennt man dann einen abstrakten Begriff. Beispiele: «Röte», «Schönheit», «Vernünftigkeit».

Ein Individualbegriff wird durch einen Individuennamen bezeichnet. Entsprechend wollen wir auch das Zeichen für einen Allgemeinbegriff einen Namen nennen. Dann können wir umgekehrt sagen, ein Begriff ist die Bedeutung eines Namens. Diese Erklärung bedarf noch einer weiteren Erläuterung: unter «Name» verstehen wir hier nicht ein bestimmtes individuelles Akustem oder Graphem, also kein Zeichen erster Art, sondern die Klasse aller gleichgestaltigen Zeichen, also ein Zeichen zweiter Art. Während die Zeichen erster Art einen Gegenstand bezeichnen, wollen wir sagen, daß die Zeichen zweiter Art einen Begriff bedeuten. Nun könnte man meinen, bei Individuennamen fielen Bezeichnung und Bedeutung zusammen – doch das wäre nur dann der Fall, wenn der Individualbegriff dasselbe wäre wie der Einzelgegenstand. Das ist aber ebensowenig der Fall wie bei einem leeren Begriff. Denn während es einen leeren Begriff als solchen durchaus geben kann, gibt es kein Designat, das unter ihn fällt.

Dem *Inhalt* eines Begriffes entspricht in etwa bei Frege der *Sinn*, dem *Umfang* die *Bedeutung*. Beispiele für den Unterschied von Sinn und Bedeutung bei Einzelbegriffen: «größter Hafen an der Elbe» und «größte Stadt der Bundesrepublik Deutschland» sind zwei Namen, die verschiedenen Sinn haben, aber denselben Gegenstand bedeuten, nämlich Hamburg. Ähnlich bedeuten «Lehrer Alexanders des Großen» und «Verfasser des Organon» beide denselben Mann, nämlich Aristoteles, haben aber durchaus verschiedenen Sinn. Die Bedeutung eines Wortes ist nach Frege der bezeichnete Gegenstand, der Sinn die Art und Weise seiner Gegebenheit.

Auf die berühmte «Logik von Port Royal» von Nicole und Arnauld, zwei Schülern Pascals (1623–62), geschrieben 1662 unter dem Titel *La logique ou l'art de penser*, geht die irrtümliche Lehre zurück, daß Inhalt und Umfang der Begriffe sich stets reziprok verhielten, daß also einer Vermehrung des Inhalts stets eine Verminderung des Umfanges entspreche. Für diese These lassen sich zahlreiche Beispiele geben: Wenn ich den Inhalt des Begriffes «Viereck» um den Bestandteil «mit parallelen Seiten» vermehre, dann verringert sich der Umfang dadurch um alle unregelmäßigen Vierecke und Trapeze. Wenn ich den so entstandenen Begriff «Parallelogramm» um den Bestandteil «rechtwinklig» vermehre, vermindert sich der Umfang um alle Rhomben; vermehre ich den Begriff «Rechteck» um den Bestandteil «gleichseitig», so vermindert sich der Umfang wiederum, und es bleiben nur die Quadrate übrig. Ganz Entsprechendes geschieht, wenn ich voranschreite in der Begriffsreihe «Mensch» – «Europäer» – «deutschsprachig» – «Hesse» – «Frankfurter» – «Sachsenhausener» – «Sachsenhausener Apfelwein-Wirt».

Bernard Bolzano (1781–1848) hat in seiner *Wissenschaftslehre* darauf hingewiesen, daß sich die These der Reziprozität von Inhalt und Umfang als allgemeines Gesetz nicht halten läßt. Es gibt eine Vermehrung des Inhaltes, die den Umfang völlig unverändert läßt, etwa wenn ich zu «Kugel» den Bestandteil «rund» oder zu «Vogel» den Bestandteil «gefiedert» oder zu «Mensch» den Bestandteil «zweibeinig» hinzufüge. Nun könnte man eventuell sagen, in all diesen Fällen handele es sich nicht um eine echte Erweiterung des Inhalts, da die hinzugefügten Bestandteile implizit ohnehin schon im Inhalt des Begriffes enthalten seien. Bolzano führt aber sogar Beispiele an, wo durch eine Erweiterung des Inhaltes zugleich eine Erweiterung des Umfanges eintritt. Erweitere ich den Begriff: «Mensch, der alle europäischen Sprachen versteht» um den Bestandteil «lebend» zu «Mensch, der alle lebenden europäischen Sprachen versteht», so wird dadurch sicherlich der Umfang größer, da ja jetzt die Kenntnis des Lateinischen, Griechischen, Keltischen, Gotischen usf. nicht mehr vorausgesetzt wird. Ganz ähnlich dürfte es sein bei einem «Woll-Stoff» und einem «Wolle enthaltenden Stoff» oder «grün» und «aus grünen Pflanzen gewonnene Farben».

Zwei Begriffe kann man nun in bezug auf ihren Inhalt und ihren

27

Umfang vergleichen. Um die Logik möglichst exakt aufzubauen, ließ Rudolf Carnap (1891–1970) ursprünglich nur die extensionale Betrachtungsweise gelten. Diese Forderung, das sog. *Extensionalitätsprinzip*, hat er später aufgegeben. Es war genauso einseitig wie die Polemik von Bruno v. Freytag-Löringhoff gegen die Umfangslogik.

Wenn zwei Aussagefunktionen für jedes eingesetzte Argument jeweils denselben Wahrheitswert ergeben, so sagen wir, sie haben denselben Wertverlauf. Die beiden entsprechenden Begriffe sind dann umfangsgleich oder *äquipollent*. Beispiele:

{Deutscher Kaiser, der in Berlin residierte} (x)   und
{Preußischer König, der in der zweiten Hälfte des 19. Jahrhunderts den Thron bestieg} (x)

{Universitätsstädte am Rhein mit „n" im Namen} (x)   und
{Großstädte am Rhein mit einsilbigem Namen} (x)

{Vernunftbegabtes Lebewesen} (x)   und
{ungefiederter Zweifüßler} (x)

wären jeweils äquipollente Begriffe.

Zwei Begriffe können ferner im Verhältnis der *Überordnung* oder *Unterordnung* stehen, wenn der Umfang des einen Begriffes den anderen umfaßt oder in ihm enthalten ist. Beispiele: Studenten – Jurastudenten; Soldaten – Unteroffiziere; Vögel – Tauben; Vierecke – Rechtecke.

Zwei Begriffe *überschneiden* sich, wenn beide nur einen Teil ihres Umfanges gemeinsam haben. Beispiele: Schachspieler – Deutsche; gleichseitige Fläche – Viereck; Gase – chemische Elemente; Pilze – Nahrungsmittel.

Begriffe, die kein Designat gemeinsam haben, heißen *sich ausschließende Begriffe*. Man kann drei Arten sich ausschließender Begriffe unterscheiden: *nebengeordnete* Begriffe sind einem gemeinsamen Begriff untergeordnet. Beispiele: Deutscher – Engländer (übergeordneter Begriff: Europäer); Wolf – Löwe (Raubtier); Motorrad – Auto (Kraftfahrzeug); *komplementäre* Begriffe erschöpfen zusammen den gesamten Diskussionsbereich, das sogenannte *universe of discourse*, d. h. den Bereich der Gegenstände, der überhaupt zur Debatte steht. Beispiele: Mensch – Nichtmensch; Europäer – Nichteuropäer; Metall – Nichtmetall; *disparate* Begriffe gehören völlig verschiedenen Ordnungen an, haben also nichts gemeinsam. Beispiele: Dreieck - Eichhörnchen; Tapferkeit – grün; Wärme – Primzahl.

Porphyrios von Tyrus (233–300) faßte Begriffe durch Überordnung in ein berühmt gewordenes Schema zusammen, den sog. *arbor Porphyriana:*

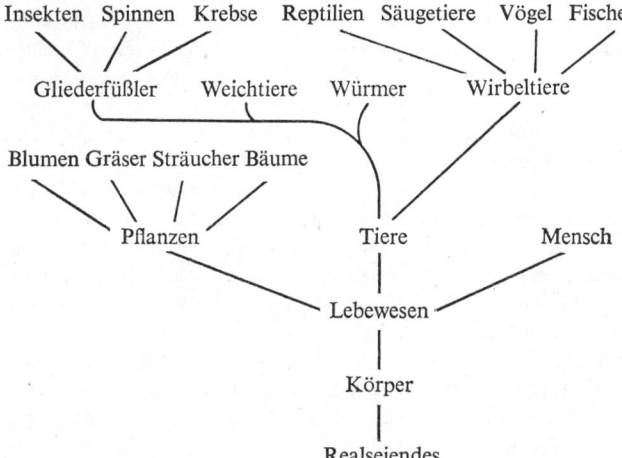

Oft wird dies Schema auch auf den Kopf gestellt. Man erhält dann eine Begriffspyramide. Der allgemeinere Begriff steht darin höher als der speziellere, ist ihm übergeordnet.

Den übergeordneten Begriff nennt man jeweils *Gattung* oder *genus*, den untergeordneten *Art* oder *species.* Die Art unterscheidet sich von der Gattung durch den *artbildenden Unterschied*, die *differentia specifica*, z. B. «Mensch» von der Gattung «Lebewesen» durch die differentia specifica «vernunft-begabt»; das «Quadrat» vom «Rechteck» durch die differentia specifica «gleichseitig». Art und Gattung sind relative Begriffe, so ist «Lebewesen» in bezug auf «Körper» Art, in bezug auf «Tier» Gattung. An den arbor Porphyrii lehnt sich auch die bekannte Methode der Definition eines Begriffes an: *Definitio fit per genus proximum et differentiam specificam.*

Definition, wörtlich Abgrenzung, kann sehr verschiedene Bedeutungen haben. Nach Walter Dubislav (1895-1937) kann eine Definition sein:
1. Wesensbestimmung
2. Begriffsbestimmung
3. Begriffs- oder Worterklärung
4. Festsetzung über den Gebrauch von Zeichen.

Die erste Bedeutung interessiert uns in der Logik nicht, da wir hier nicht das Wesen der Dinge ergründen wollen. Das ist Sache der Metaphysik, Ontologie oder Phänomenologie. Die zweite und vierte Bedeutung lassen sich zusammenfassen, wenn man Begriffe als Zeichen im weiteren Sinn betrachtet. So bleiben für uns also zwei Arten der Definition: 1. die Erklärung eines bestehenden Sprachgebrauches für einen Begriff, ein Wort, ein Zeichen; das nennt man auch *erklärende* oder *analytische Definition*; 2. die Festsetzung über den Gebrauch, den wir von einem Begriff, einem Wort, einem Zeichen machen wollen; das nennt man *festsetzende* oder *synthetische Definition*. Beispiel für die erste Art der Definition: wir definieren «Messer», indem wir den bisherigen Sprachgebrauch dieses Wortes untersuchen und dadurch feststellen, daß man darunter ein Schneidinstrument versteht, bei dem ein geschärftes, längliches, verhältnismäßig dünnes «Blatt», die Klinge, an einem Ende einen Griff besitzt, der normalerweise in seiner Länge etwa der Breite der menschlichen Hand entspricht. Definition der zweiten Art dagegen wäre die Festsetzung: das Wort« Rheingold-Expreß» soll den Schnellzug bedeuten, der Köln mit Basel verbindet. Definitionen dieser zweiten Art dienen meist zur Abkürzung: ein kurzer Zeichenkomplex soll an die Stelle eines längeren treten. Das Definierende (abzukürzende) nennt man auch *Definiens*, das Definierte oder (Abgekürzte) das *Definiendum*. In logischen Abhandlungen und Formeln schreibt man als Zeichen für eine Definition zwischen Definiendum und Definiens «=df». Manchmal wird auch «$\frac{df}{=}$» oder «$\overline{\overline{D}}$» geschrieben, oder man schreibt «=» und läßt erst nach dem Definiens «Df» folgen.

Die Ortsbuchstaben in den amtlichen Kennzeichen der Kraftfahrzeuge sind Abkürzungen für die zuständigen Straßenverkehrsämter. Man könnte das wie folgt schreiben:

HH =df *Hamburg*

«*HH*» ist hier das Definiendum, «*Hamburg*» das Definiens. Die chemischen Elemente werden durch Buchstaben abgekürzt:

Na =df *Natrium*

Kreis =df *Der geometrische Ort für alle diejenigen Punkte, die von einem gegebenen Punkte einen gegebenen Abstand haben.*

Dies letzte Beispiel vor allem zeigt, wie nützlich, raum- und zeitsparend Definitionen sein können.

Solche Definitionen, bei denen das Definiendum an einer Seite für sich erscheint, heißen *explizite Definitionen*. Nun kommt es aber vor, daß wir den zu definierenden Ausdruck nicht für sich allein definieren, sondern im Zusammenhang mit bereits bekannten Ausdrücken, wir zeigen, wie er operativ gebraucht wird. Solche Definitionen nennt man *implizite Definitionen*.

Ein Beispiel dafür ist die *Gebrauchsdefinition*.

Beispiele:

$^b log\ a$ =df *die Zahl c, für die gilt* $b^c = a$

$a : b$ =df *die Zahl c, für die gilt* $b \times c = a$

A untergeordnet B =df *jedes Designat von A ist auch Designat von B, aber nicht umgekehrt.*

Eine besondere Art der impliziten Definition liegt vor bei den sog. *rekursiven Definitionen.* Diese sind aus wenigstens zwei Definitionen zusammengesetzt; die erste definiert einen ganz bestimmten Fall, die zweite definiert unter der Voraussetzung, daß die Definition für einen Fall bereits bekannt ist, weitere Fälle.

Als Beispiel diene die implizite Definition der Multiplikation:

$1 \times a$ =df a

$(n + 1) \times a$ =df $(n \times a) + a$

Hier wird die Multiplikation zunächst für den Multiplikator 1 und sodann, unter der Voraussetzung, daß sie für den Multiplikator n bereits definiert sei, für $n + 1$ definiert.

Weiteres Beispiel:

«p» sei eine Aussage.

Wenn «p» eine Aussage ist, so ist auch «*nicht-p*» eine Aussage.

Wenn «p» eine Aussage ist und «q» eine Aussage ist, so sind auch «p und q», «p oder q», «wenn p so q» Aussagen.

Für formale Systeme wichtig ist noch die sog. axiomatische Definition. Man sagt, die Funktoren eines Systems sind durch ein Axiomensystem definiert, wenn eine (oder mehrere) Aussagen als wahr vorausgesetzt werden, die diese Funktoren enthalten und sich daraus nach vorgegebenen Regeln alle wahren Aussagen herleiten lassen, die diese Funktoren enthalten. So stellt das Axiomensystem 2.992–5 eine axiomatische Definition für Implikator und Disjunktor dar, die darin als Funktoren auftreten.

Näheres über Technik und Bedeutung der Definition gehört in die Methodenlehre.

2. Von den Aussagen

Die letzten Beispiele führten uns schon hin zum 2. Abschnitt der Logik, der Lehre von den Aussagen. Kehren wir zunächst einmal zu unserem Eingangsbeispiel zurück! Wir hatten den Satz

    2.11 «Wenn alle Antilopen Säugetiere sind und alle Säugetiere Wirbeltiere sind, so sind alle Antilopen Wirbeltiere.»

Durch die Zerlegung in Funktoren und Argumente ergibt sich:

    2.12 $\{$Wenn so$\}_2$ ($\{$und$\}_2$ ($\{$alle sind$\}_2$ (Antilopen, Säugetiere)
                                  $\{$alle sind$\}_2$ (Säugetiere, Wirbeltiere))
                                  $\{$alle sind$\}_2$ (Antilopen, Wirbeltiere))

    2.13 $\{$Wenn-so$\}_2$ ($\{$und$\}_2$ $(p,q)\,r)$

    2.14 Wenn p und q, so r.

Hier bezeichnen p, q, r Leerstellen, in die Aussagen eingesetzt werden können. Unter einer *Aussage* verstehen wir ein sprachliches Gebilde, das einen Sachverhalt intendiert und dadurch den Charakter erhält, wahr oder falsch zu sein. Beispiele: «Der jährliche Güterumschlag im Hamburger Hafen beträgt über 30 Mio. Tonnen», «Fünf ist eine Primzahl, deren Quadrat sich als Summe zweier Quadratzahlen darstellen läßt».

«Die Zitrone ist gelb». «Am 17. Mai 1963 um 12.40 Uhr scheint die Sonne auf den Philosophenturm in Hamburg.» Das wären z.B. wahre Aussagen.

«Bonn ist die größte Stadt der Bundesrepublik.» «36 ist eine Primzahl». «Die Tomate ist blau.» «Goethe hat das Drama Wallenstein geschrieben.» Das wären beispielsweise falsche Aussagen.

Gibt es aber daneben nicht auch unbestimmte Aussagen, die manchmal wahr, manchmal falsch sind? Zum Beispiel «Es regnet». «Studentinnen tragen rot lackierte Fingernägel». «Rosen sind gelb». Diese Ausdrücke sind unvollständig und ungenau und darum noch keine Aussagen. Erst durch entsprechende Ergänzung können sie zu Aussagen werden, also: «Am 16. Mai 1963 um 13 Uhr regnete es am Jungfernstieg in Hamburg.» «Einige Studentinnen tragen rot lackierte Fingernägel». «Es gibt gelbe Rosen.»

Eine Aussage heißt wahr, wenn sie mit dem intendierten Sachverhalt übereinstimmt. Diese Erklärung ist selbstverständlich weiterer Präzisierung fähig und bedürftig. Eine solche Präzisierung findet sich in der bahnbrechenden Arbeit von Alfred Tarski[1]. Doch was «wahr» letztlich bedeutet, ist kein Problem der Logik, sondern der Erkenntnistheorie. Für die Logik ist «wahr» letztlich ein undefinierter Grundbegriff.

Die Aussage ist also ein Gebilde, das einen *Wahrheitswert* besitzt. Mit Frege sagen wir, daß der Wahrheitswert die *Bedeutung* der Aussage ist. Unter dem *Sinn* der Aussage verstehen wir den Gedanken, den sie ausdrückt. Wir haben uns in unserer Definition darauf festgelegt, daß es zwei Wahrheitswerte gibt, nämlich den des Wahren und des Falschen. Dadurch haben wir uns auf eine *zweiwertige Aussagenlogik* festgelegt. Es wäre natürlich auch möglich, drei oder mehr Werte zuzulassen, dann ergäbe sich eine *dreiwertige Logik* oder besser gesagt ein dreiwertiger Kalkül. Das könnte schon dadurch geschehen, daß wir neben wahren und falschen auch sinnlose Aussagen in Betracht zögen. Wenn mehr als zwei Werte zugelassen sind, wollen wir statt von „Wahrheitswerten" von „Geltungswerten" reden. Wir wollen jedoch zunächst einmal die zweiwertige Aussagenlogik untersuchen. Was sinnlos ist, das betrachten wir dabei einfach nicht als Aussage.

In unserem Paradebeispiel haben wir schon gesehen, daß Aussagen miteinander verbunden werden können durch Funktoren. Solche Funktoren, die Aussagen umformen oder verbinden zu einer neuen Aussage, nennen wir *Aussagefunktoren*. Wir wollen dabei nur solche Funktoren betrachten, die neue Aussagen bilden, deren Wahrheitswert ausschließlich von dem Wahrheitswert der Aussagen abhängt, die die Argumente dieser Funktoren sind. Um das zum Ausdruck zu bringen, nennen wir diese Funktoren auch Wahrheitswertfunktoren.

2.15 *Wahrheitswertfunktor* =df *Funktor, der als Argumente Wahrheitswerte hat und daraus einen Wahrheitswert bildet.*

Ein einfaches Beispiel für einen Wahrheitswertfunktor ist der *Negator*. Er formt den Wahrheitswert des Wahren um in den des Falschen und den des Falschen in den des Wahren. Er wird geschrieben durch Überstreichen der negierten Aussage.

2.16

p	$\bar{p}$
W	F
F	W

Zu beachten ist, daß der Negator ein Aussagefunktor ist, also die Aussage als Ganzes von ihm verneint wird. Beispiele: Wenn «p» die

Aussage bezeichnet «Das Wasser im Hamburger Hafen ist frisch und klar», so bezeichnet «$\bar{p}$»: «Es ist nicht wahr, daß das Wasser im Hamburger Hafen frisch und klar ist» oder «Das Wasser im Hamburger Hafen ist nicht frisch und klar».

Entspricht «p» «Der Kölner Dom besitzt den höchsten Kirchturm Deutschlands», so «$\bar{p}$» «Der Kölner Dom besitzt nicht den höchsten Kirchturm Deutschlands». «p» «Hamburg liegt an der Elbe».– «$\bar{p}$» «Hamburg liegt nicht an der Elbe».

Statt W und F schreibt man für wahr und falsch auch «1» und «0». Der Negator wird auch gelegentlich durch einen Strich oder eine Schlange vor dem negierten Ausdruck bezeichnet, also «-p», oder «∼p». Man spricht «*non p*», «*nicht p*» oder «*p quer*». Was passiert nun, wenn der Negator zweimal hintereinander angewandt wird?

2.17

p	$\bar{p}$	$(\bar{\bar{p}})$
W	F	W
F	W	F

Wir erhalten also wieder den ursprünglichen Ausdruck. Und das ist ganz unabhängig davon, was «p» im einzelnen für einen Sinn hat, für einen Gedanken ausdrückt.

Betrachten wir nun zwei Aussagen «p» und «q». Da jede die 2 Möglichkeiten hat, wahr oder falsch zu sein, ergeben sich 4 Wahrheitswertkombinationen. Setzen wir fest, daß die Verbindung nur dann wahr sein soll, wenn die Kombination an beiden Stellen wahr ist, ergibt sich die *Konjunktion*. Der *Konjunktor* wird durch «∧» bezeichnet.

2.21

p＼q	W	F
W	W	F
F	F	F

Linear geschrieben ergibt sich:

2.22

p	q	$p \wedge q$
W	W	W
W	F	F
F	W	F
F	F	F

Der Konjunktor ist ein zweistelliger Wahrheitswertfunktor, denn er besitzt zwei Argumente. Einstellige Funktoren nennt man *monadisch*, zweistellige *dyadisch*. Lorenzen nennt die dyadischen Wahrheitswertfunktoren *Junktoren*. Dreistellige Funktoren heißen *triadisch* usf.

Der Konjunktor läßt sich in der Umgangssprache am besten durch «und» wiedergeben oder durch «beides zugleich». – Beispiele: «Beides zugleich: 17 ist eine Primzahl; 25 ist eine Quadratzahl». Stattdessen auch: «17 ist eine Primzahl und 25 ist eine Quadratzahl.» Diese Konjunktion ist *wahr*, weil beide Einzelaussagen wahr sind. «Die Eidechse ist ein Reptil und der Frosch ist ein Säugetier.» Diese Konjunktion hat den Wert *falsch*, weil die zweite Aussage falsch ist. «Napoleon I. ist auf Elba gestorben und sein Sohn wurde in Paris zum Kaiser gekrönt.» Diese Konjunktion hat den Wert *falsch*, weil beide Einzelaussagen falsch sind. – Statt «$p \wedge q$» schreibt man gelegentlich auch «$p.q$» oder «$p \,\&\, q$». Man spricht «p und q» oder «p kon q». «$\wedge$» geht auf Heyting zurück, wurde durch Scholz verbreitet und wird auch von Lorenzen gebraucht.

Nun können wir auch den Fall betrachten, daß die Gesamtaussage wahr sein soll, wenn wenigstens eine der beiden Aussagen wahr ist. Das ergibt:

2.23

p	q	$p \vee q$
W	W	W
W	F	W
F	W	W
F	F	F

Diese dyadische Wahrheitswertfunktion heißt *Disjunktion*. Sie kann in der Umgangssprache durch «oder» wiedergegeben werden. Dabei ist zu beachten, daß das «oder» im Deutschen mehrdeutig ist. Im Fall der Disjunktion ist «oder» in dem Sinn gemeint, daß auch beide Glieder wahr sein können, also «oder auch». Beispiele: «Autos haben Trommelbremsen oder sie haben Scheibenbremsen.» Sie können auch beide Arten Bremsen haben, zum Beispiel vorn Scheiben-, hinten Trommelbremsen. Doch unter den gegenwärtigen Autotypen gibt es keinen, der weder Trommel- noch Scheibenbremsen besitzt. Das erste obige Beispiel, das als Konjunktion falsch war, ist als Disjunktion wahr: «Die Eidechse ist ein Reptil oder der Frosch ist ein Säugetier.» Hingegen ist auch als Disjunktion falsch: «Napoleon I. ist auf Elba gestorben oder sein Sohn wurde in Paris zum Kaiser gekrönt.»

Der Funktor, der die Disjunktion bildet, heißt *Disjunktor*. Man schreibt allgemein «p v q» und spricht «p oder q» oder «p dis q». Das «v» soll an das lateinische «vel» erinnern. Statt Disjunktion sagt man gelegentlich auch *Alternative*. Lorenzen sagt *Adjunktion*. Die Disjunktion entspricht dem *subkonträren Gegensatz* der klassischen Logik.

Treffen wir die Festsetzung, daß die Gesamtaussage nur an der zweiten Stelle unseres Schemas falsch sein soll, in allen anderen Fällen wahr, so erhalten wir die *Implikation*:

2.24

p	q	$p \rightarrow q$
W	W	W
W	F	F
F	W	W
F	F	W

Diese Funktion ist immer dann wahr, wenn der Vordersatz falsch oder der Hintersatz wahr ist. Sie ist nur falsch, wenn der Vordersatz wahr und zugleich der Hintersatz falsch ist. Diese Bedingung war uns schon bei der Erklärung der Folgerichtigkeit begegnet. Wenn etwas logisch folgt, spricht man von implizieren. Daher der Name *Implikation*. In der Umgangssprache könnte man eine solche Folge mit «wenn – so» wiedergeben, doch ist dabei zu beachten, daß dieses «wenn-so» mehrdeutig ist und häufig auch einen inhaltlich bedingten, beispielsweise kausalen oder finalen Zusammenhang der Sätze andeuten kann. Wegen der vielen Mißverständnisse, die gerade für den Anfänger bei der Implikation auftauchen, sei noch einmal betont, daß sie eine bloße Wahrheitswertfunktion ist, also ausschließlich etwas über das Verhältnis der Wahrheitswerte der beiden Einzelaussagen und der entstehenden Gesamtaussage besagt. Sie ist die formale Struktur der *hinreichenden Bedingung*. Deswegen könnte man präziser sagen: «stets dann, wenn p so q». Beispiele: «Wenn es regnet, so ist die Straße naß»; «Wenn 29 eine Primzahl ist, so ist Helium leichter als Luft». Falsch dagegen sind die Implikationen: «Wenn Hamburg an der Elbe liegt, so liegt Köln an der Weser.» «Wenn Rauchen krebsfördernd ist, so ist 27 eine Primzahl.»

Die *Subalternation* der klassischen Logik läßt sich als Implikation darstellen. Implikationen mit falschen Vordersätzen werden in der Umgangssprache meist als sinnlos betrachtet, doch es gibt auch Gegenbeispiele: «Wenn's Märzenbier regnet und Bratwürstel schneit, so bitten wir den Herrgott, daß das Wetter so bleibt.»

Ein Reisender möchte von Hamburg-Hauptbahnhof mit dem Alpen-Expreß nach Kopenhagen fahren und wartet in Hamburg-Harburg auf den Vorortzug zum Hauptbahnhof. Da braust plötzlich der Alpen-Expreß herein und hält außerplanmäßig in Harburg (vielleicht, weil er etwas zu früh ist). Der Reisende erfaßt schnell, daß er sich so das Umsteigen ersparen kann, steigt ein, und da ruft der Aufsichtsbeamte: «Halt, Sie dürfen nicht einsteigen, der Zug hält hier nicht!» Der Reisende aber ruft aus dem Fenster die Implikation, die der 4. Zeile entspricht: «Wenn der Zug hier nicht hält, so bin ich auch nicht eingestiegen!»

Der Funktor, der die Implikation bildet, heißt *Implikator*, der Vordersatz *Implikans*, der Hintersatz *Implikat*. Man schreibt «$p \to q$» und spricht: «p impliziert q» oder «p Pfeil q». In der Peano-Russellschen Schreibweise wird «$p \supset q$» geschrieben. Lorenzen spricht von *Subjunktion* und schreibt «$p \mathbin{\rlap{\,-}\sqsubset} q$».

Philo von Megara (2. Jahrhundert v. Chr.) beschreibt bereits die Implikation, und die Scholastiker sagten: *ex falso sequitur quodlibet, verum sequitur ex quolibet*.

Eine ganz ähnliche Funktion ergibt sich, wenn wir festsetzen, daß die Gesamtaussage nur im 3. Fall falsch sein soll, also:

2.25	p	q	$p \leftarrow q$
	W	W	W
	W	F	W
	F	W	F
	F	F	W

Diese Funktion heißt *Replikation*. Sie ist nur dann falsch, wenn der Vordersatz falsch und der Hintersatz wahr ist. In der Umgangssprache wird die Replikation ebenfalls mit «wenn» umschrieben. Da sie der formalen Struktur der *notwendigen Bedingung* entspricht, könnte man zur Präzisierung «nur dann wenn, so» sagen. Beispiele: «Wenn das Wetter schön ist, findet das Kurkonzert im Freien statt.» «Der Mann kann nur heiraten, wenn er großjährig ist.» «Wer bereits mindestens zweimal wegen Diebstahls rechtskräftig verurteilt ist, kann beim dritten Mal wegen Rückfalldiebstahls bestraft werden.»

Der Funktor der Replikation heißt *Replikator*. Man schreibt «$p \leftarrow q$» und spricht «p repliziert q» oder «p Rückpfeil q». Lorenzen spricht von «*konverser Subjunktion*» und schreibt «$p \mathbin{\rlap{-\,}\sqsupset} q$».

Schließlich können wir auch den Fall in Betracht ziehen, daß nur die 1. Zeile unseres Schemas falsch ist:

2.26

p	q	p/q
W	W	F
W	F	W
F	W	W
F	F	W

Diese Funktion heißt *Exklusion*. Sie ist nur dann falsch, wenn beide Einzelsätze wahr sind. Sie besagt also soviel wie «mindestens einer der beiden Sätze ist falsch». In der Umgangssprache sagt man dafür häufig auch «oder». Beispiele: «Das Auto dort ist ein Opel oder Ford.» (Es könnte auch keines von beiden, sondern ein Mercedes sein.) Der Funktor der Exklusion heißt *Exklusor*. Man schreibt «p/q» und spricht «p exkludiert q» oder «p Strich q». Gelegentlich spricht man auch von Disjunktion. Lorenzen sagt Negatadjunktion und schreibt «$p \curlyvee q$». Die Exklusion heißt auch «*konträrer Gegensatz*» in der klassischen Logik.

Die Festsetzung, daß die Gesamtaussage an 1. und 4. Stelle wahr sein soll, führt wieder zu einer Aussagefunktion, die in der Umgangssprache mit «wenn» umschrieben werden kann:

2.27

p	q	$p \leftrightarrow q$
W	W	W
W	F	F
F	W	F
F	F	W

Dieses «wenn» entspricht der zugleich hinreichenden und notwendigen Bedingung und ließe sich präzisieren als «genau dann, wenn ... so». Da diese Funktion gerade dann wahr ergibt, wenn beide Einzelaussagen den gleichen Wahrheitswert haben, und falsch, wenn sie verschiedenen Wahrheitswert haben, heißt sie *Äquivalenz*. Beispiele: «Wenn der hl. Abend auf einen Dienstag fällt, so fällt der kommende Neujahrstag auf einen Mittwoch.» «Wenn die beiden Diagonalen im Rechteck gleich lang sind, so ist der Brocken die höchste Erhebung im Harz.» «Wenn 36 eine Primzahl ist, so liegt Hamburg am Rhein.» Falsch als Äquivalenz dagegen wäre:
«Wenn New York die Hauptstadt der USA ist, so ist Paris die Hauptstadt Frankreichs». Als Implikation, Exklusion oder Disjunk-

tion wäre dies Beispiel wahr, als Konjunktion oder Replikation wäre es ebenfalls falsch.

Der Funktor der Äquivalenz heißt *Äquivalentor*. Man schreibt die Äquivalenz «$p \leftrightarrow q$» und spricht «p äqui(valent) q» oder «p Doppelpfeil q». In den «*Principia Mathematica*» wird geschrieben «$p \equiv q$». Lorenzen spricht von *Bisubjunktion* und schreibt «$p \sqcap q$». Bei Hilbert-Ackermann wird geschrieben «$p \sim q$».

Als Gegenstück zur Äquivalenz können wir den Fall betrachten, daß die Gesamtaussage an 2. und 3. Stelle wahr, sonst falsch sein soll:

2.28

p	q	$p \succ\!\!\prec q$
W	W	F
W	F	W
F	W	W
F	F	F

In der Umgangssprache könnten wir das wieder mit «oder» umschreiben, doch ist hier ein strenges «oder» im Sinn von «entweder – oder» gemeint. Beispiele für diese, *Kontravalenz* genannte Aussagefunktion: «Die Quersumme dieser Zahl ist durch 9 teilbar, oder diese Zahl selbst ist nicht durch 9 teilbar.» «Jedes Viereck besitzt wenigstens einen rechten Winkel, oder Scheitelwinkel sind einander gleich.» – Falsch dagegen wäre als Kontravalenz: «Wasser siedet bei 1 atm. bei 100 °C, oder Sauerstoff ist schwerer als Stickstoff.» Als Konjunktion, Äquivalenz, Disjunktion, Replikation wäre diese Aussage wahr; ebenfalls falsch wäre sie als Exklusion. Ebenso wäre falsch die Kontravalenz: «Die Mosel ist ein Nebenfluß der Elbe, oder Nürnberg ist die Hauptstadt Bayerns.» Diese Aussage wäre als Äquivalenz, Exklusion, Implikation, Replikation wahr – dagegen ebenfalls falsch als Konjunktion oder Disjunktion.

Der Funktor der Kontravalenz heißt *Kontravalentor*. Man schreibt «$p \succ\!\!\prec q$» und spricht «p kontra q». Lorenzen spricht von «*Bisubtraktion*» und schreibt «$p \sqcup q$». Die Kontravalenz entspricht dem *kontradiktorischen Gegensatz* der Klassischen Logik.

Wir haben gesehen, daß manche Ausdrücke der Umgangssprache mehrdeutig sind, mehreren der Aussagefunktoren entsprechen können. Umgekehrt lassen sich auch die Aussagefunktoren auf mehrfache Weise in der Umgangssprache umschreiben. In der Alltagssprache läßt meist der Zusammenhang hinreichend genau erkennen, was gemeint ist. Oft kommt es auch gar nicht darauf an, daß man ganz präzise weiß, wie das Verhältnis der Aussagen logisch exakt zu verstehen ist. In wissenschaftlichen Untersuchungen kommt es dagegen oft sehr wohl auf genaue Unterscheidungen an. Auch bei Textanalysen und Interpretationen kann es von Nutzen sein, zu wissen, welche logischen Bedeutungen zunächst einmal grundsätzlich möglich sind. Als Beispiel möge der Satz des Evangeliums dienen: «Wer glaubt und sich taufen läßt, wird selig werden.» Das «und» ist hier sicherlich im Sinn der Konjunktion zu verstehen, das heißt, es müssen beide Voraussetzungen gegeben sein. Der Satz selbst ist wohl ein Bedingungssatz: «Wenn jemand glaubt und sich taufen läßt, so wird er selig werden.» Wenn beide Sätze wahr sind, so soll auch der Gesamtsatz gelten. Nun wird gleich hinzugefügt: «Wer nicht glaubt, wird verdammt werden.» Setzen wir voraus, daß «jemand wird verdammt werden» in Kontravalenz zu «jemand wird selig werden» steht, so besagt dieser Nachsatz, daß der Gesamtsatz ebenfalls gelten soll, wenn beide Sätze falsch sind.

Nun wäre zu fragen, ist der Satz auch mit der Annahme vereinbar, daß jemand glaubt, aber trotzdem nicht selig wird? Das läßt sich aus ihm selbst nicht unmittelbar ablesen, zumal ja zum Beispiel die Taufe zusätzlich gefordert ist, und wir müssen also beide Möglichkeiten offenlassen. Der dritte Fall, daß jemand nicht glaubt, aber trotzdem selig wird, ist zwar durch den bloßen Wortlaut nicht ausgeschlossen, scheint aber durch den Nachdruck der Formulierung, mit dem hier für den Unglauben die Verdammnis angedroht wird, wohl doch verneint zu werden.

2.31

	p	q	
1.	W	W	W
2.	W	F	W/F
3.	F	W	F
4.	F	F	W

Was bedeutet es nun, daß im Fall 2 sich keine eindeutige Lösung ergibt? Hier muß durch die Exegese anderer Schriftstellen versucht werden, eine Entscheidung zwischen den beiden Möglichkeiten zu fällen. Ein anderes Christus-Wort läßt sich in den Evangelien dazu nicht gut finden. Nun geht die christliche Theologie davon aus, daß auch die im Neuen Testament enthaltenen Briefe der Apostel gleichwertige Glaubensquellen sind. Luther hat die Stelle im Römerbrief, daß der Glaube es sei, der uns rechtfertige, durch die bekannte Einfügung des Wörtchens «allein» in seiner Bibelübersetzung dahin interpretiert, daß stets dann, wenn der Glaube da sei, auch die Recht-

fertigung folge. Das aber bedeutet, daß an zweiter Stelle ein «*F*» ein-
zusetzen ist. Als Konsequenz würde sich ergeben, daß unser Satz
eine Äquivalenz darstelle: Genau der, der glaubt, wird auch selig
werden. Die katholische Theologie bestreitet zwar nicht, daß die
angeführte Römerbriefstelle sich mit guten Gründen so interpretieren lasse, verweist jedoch auf den Jakobusbrief, in dem ausdrücklich stehe, daß der Glaube ohne gute Werke tot sei, und folgert
daraus, daß der Glaube zwar notwendig, aber allein nicht hinreichend sei. Demgemäß müßte nun an die zweite Stelle ein «*W*» ge-
setzt werden, und es ergäbe sich eine Replikation: «Nur der, der
glaubt, wird selig werden.» (Doch braucht der Glaube allein dafür noch nicht hinzureichen.)

Man sieht, daß ein fundamentaler dogmatischer Unterschied zwischen katholischer und protestantischer Lehre sich hier durch zwei
Aussagefunktoren verdeutlichen läßt. Doch das soll natürlich nicht
heißen, daß die Logik hier gewissermaßen Theologie ersetzen könne – sie kann höchstens Interpretationsmöglichkeiten aufzeigen und
Unterschiede verdeutlichen. Wie eine Stelle tatsächlich zu interpretieren ist, das ist eine andere Frage; das müssen wir in diesem Fall
den Theologen überlassen. Und die gehen meist ja nicht so vor, daß
sie streng hermeneutisch Schriftexegese betreiben und demgemäß
dann Glaubenssätze formulieren – sondern genau umgekehrt: Luther hatte erst das berühmte Turmerlebnis, in dem ihm die funda-
mentale Bedeutung des Glaubens plötzlich klar wurde – und später,
bei seiner Bibelübersetzung, interpretierte er dann natürlich den
Römerbrief entsprechend, und als ihm klar wurde, daß der Jakobusbrief schlecht zu seiner Interpretation paßte, nannte er diesen ab-
wertend eine «recht stroherne Epistel». Und wenn man eine katholische Dogmatik aufschlägt, dann steht da meist an der Spitze
ein von der Kirche gelehrtes Dogma, und es folgen die Schriftstellen,
aus denen es sich rechtfertigen läßt.

Nun glaube man bitte nicht, nur die Theologie ginge so vor: Selbst
der Mathematiker nimmt nicht etwa zwei oder drei Lehrsätze und
probiert, was sich weiter logisch daraus schließen läßt, sondern erst
hat er intuitiv eine Idee von dem, was er erreichen möchte, und dann
sucht er den zunächst einmal angenommenen Satz exakt zu beweisen.

Interpretationsfragen spielen auch in der Jurisprudenz eine große
Rolle. Die Juristen sollen nicht nur Tatbestände unter Gesetze sub-
sumieren (was auch schon ein logisches Verfahren ist), sondern

sollen oft schlecht formulierte Gesetze so interpretieren und anwenden, daß brauchbares Recht daraus wird. Die meisten Gesetze aber sind ihrer Struktur nach «wenn – so»-Aussageverbindungen. Da wäre die erste Frage: Handelt es sich um Implikation, Replikation oder Äquivalenz – m.a.W. um eine hinreichende, notwendige oder äquivalente Bedingung?

Beispiele: Wer das 14. Lebensjahr vollendet hat (q), ist deliktsfähig (p). Wahrheitswertanalyse:

1. Fall: Es sei wahr, daß jemand 14 Jahre alt ist, und es sei wahr, daß er wegen eines Deliktes gerichtlich bestraft werden kann. Dann ist unser Satz wahr.

2. Fall: Es sei wahr, daß jemand 14 Jahre alt ist, und es sei falsch, daß er wegen eines Deliktes bestraft werden kann. Dieser Fall kann auch wahr sein, wenn der Täter etwa geisteskrank ist.

3. Fall: Es sei falsch, daß jemand schon 14 Jahre alt ist, und es sei wahr, daß er wegen eines Deliktes bestraft werden kann. Dieser Fall ist durch das Strafgesetzbuch ausdrücklich ausgeschlossen, also ist unser Satz in diesem Falle falsch.

4. Fall: Es sei falsch, daß jemand schon 14 Jahre alt ist, und es sei falsch, daß er wegen eines Deliktes bestraft wurde. Dieser Fall entspricht genau der Regelung im StGB, ist also wahr.

2.32	p	q	Satz
1. Fall	W	W	W
2. Fall	W	F	W
3. Fall	F	W	F
4. Fall	F	F	W

Der Satz hat also die Wahrheitswertmatrix der Replikation. Mit anderen Worten: Hier ist das Alter von 14 Jahren eine notwendige Bedingung dafür, daß jemand überhaupt bestraft werden kann.

«Wer Banknoten nachmacht oder verfälscht oder sich nachgemachte oder verfälschte beschafft und in Verkehr bringt, wird mit Zuchthaus nicht unter zwei Jahren bestraft.»

Wahrheitswertanalyse: Der Satz «Wer ... in Verkehr bringt» sei p, der Satz «wird ... bestraft» sei q.

1. Fall: p sei wahr, q sei wahr: dann ist auch der Gesamtsatz wahr.

2. Fall: p sei wahr, q sei falsch: das widerspräche dem Gesetz, daß Falschmünzer mit Zuchthaus bestraft werden sollen, wäre also falsch.

3. Fall: p sei falsch, q sei wahr: das ist durchaus möglich, da jemand ja auch wegen Totschlag z. B. mit Zuchthaus bestraft werden kann. Der Gesamtsatz ist also hier wahr.

4. Fall: p sei falsch, q sei falsch: das ist erst recht möglich, daß jemand kein Falschmünzer ist und auch nicht mit Zuchthaus bestraft wird, also ist der Satz auch in diesem Falle wahr.

2.33	p	q	Gesamtsatz
1. Fall	W	W	W
2. Fall	W	F	F
3. Fall	F	W	W
4. Fall	F	F	W

Der Gesamtsatz hat also die Wahrheitswertmatrix der Implikation. Falschmünzerei ist mithin hinreichende Bedingung für die Zuchthausstrafe.

«Wer eine fremde bewegliche Sache mit der Absicht rechtswidriger Aneignung fortnimmt, wird wegen Diebstahls bestraft.» Der Vordersatz sei p, der Nachsatz q.

Wahrheitswertanalyse:

1. Fall: p sei wahr, q sei wahr: Der Satz ist wahr.

2. Fall: p sei wahr, q sei falsch: dieser Fall steht im Widerspruch zu dem Diebstahlsparagraphen, ist also falsch.

3. Fall: p sei falsch, q sei wahr: auch dieser Fall ist mit unserem Satz nicht vereinbar, also falsch.

4. Fall: p sei falsch, q sei falsch: das ist durchaus möglich, also ist der Satz in diesem Falle wahr.

2.34	p	q	Satz
1. Fall	W	W	W
2. Fall	W	F	F
3. Fall	F	W	F
4. Fall	F	F	W

Es ergibt sich die Matrix der Äquivalenz. Der im Vordersatz beschriebene Tatbestand ist also hinreichende und notwendige Bedingung für das Delikt des Diebstahls.

Aufgabe: Man prüfe die folgenden Sätze mittels Wahrheitswertanalyse. Die Lösung ist in Klammern angegeben.

Wenn Luft auf —180°C abgekühlt wird, so verflüssigt sie sich. (→)

Wenn ein Dreieck zwei gleiche Winkel hat, so hat es auch zwei gleiche Seiten. (←→)

Wenn die Verkehrsampel rot zeigt, muß man halten. (→)

Wenn der Erdschatten auf den Mond fällt, erblicken wir eine Mondfinsternis. (←)

Das Blumenpflücken ist verboten, und das Betreten des Rasens ist verboten. (v)

Die Tragödie hieß Kabale und Liebe, oder sie hieß Luise Millerin. (←→)

Wenn Hans unverheiratet ist, so kann er Grete heiraten. (←)

(§ 53) Wenn die Handlung durch Notwehr geboten war, ist eine strafbare Handlung nicht vorhanden. (→)

Ein Hamburger Senator ist männlichen Geschlechts, oder er ist weiblichen Geschlechts. (>-<)

Das Zitat stammt von Schiller, oder es stammt aus dem Schauspiel Don Carlos. (←)

Dieser Mann ist Katholik, oder er ist Mohammedaner. (/)

Eine weitere Bedeutung der Wahrheitswertmatrizen beruht auf ihrer Anwendung in programmgesteuerten elektronischen Rechenautomaten.

Diese Rechenautomaten und Datenverarbeitungsmaschinen arbeiten weitgehend im Dualsystem, d.h., alle Zahlen, Buchstaben, Zeichen und Befehle werden durch Zeichengruppen dargestellt, die nur zwei Arten von Grundzeichen (ähnlich wie Punkt und Strich im Morsealphabet) enthalten, nämlich «0» und «1». Ordnet man nun dem Wahrheitswert «W» das Zeichen «1» und dem Wahrheitswert «F» das Zeichen «0» zu, so ergibt die Konjunktion die gleiche Matrix wie die Multiplikation der Werte von «p» und «q».

2.35

p	q	$p \wedge q$	Produkt
1	1	1	$1 \times 1 = 1$
1	0	0	$1 \times 0 = 0$
0	1	0	$0 \times 1 = 0$
0	0	0	$0 \times 0 = 0$

Deshalb nennt man die Konjunktion auch «*logisches Produkt*».

2.36

p	q	$p \vee q$	Summe
1	1	1	$1 + 1 = 1$
1	0	1	$1 + 0 = 1$
0	1	1	$0 + 1 = 1$
0	0	0	$0 + 0 = 0$

Die Disjunktion dagegen ergibt die gleiche Matrix wie die Addition der Werte von «p» und «q» unter der Voraussetzung, daß $1 + 1 = 1$ per Konvention festgesetzt wird.

Deshalb nennt man die Disjunktion auch «*logische Summe*».

Führt man die Addition im Dualsystem normal durch, so ergibt sich «$1 + 1 = 10$»; nun kann man, um überall zweistellige Zeichen zu erhalten, statt «1» auch «01» schreiben. Dann ergibt sich die Additionstafel:

2.37

$$1 + 1 = \overset{\wedge\quad >-<}{1\ 0}$$
$$1 + 0 = 0\ 1$$
$$0 + 1 = 0\ 1$$
$$0 + 0 = 0\ 0$$

Dabei stellt sich heraus, daß die erste Spalte im Ergebnis genau die Matrix der Konjunktion ergibt, die zweite Spalte die Matrix der Kontravalenz. Das bedeutet, daß die Operationen der Addition und Multiplikation mittels Konjunktion und Kontravalenz in einem Rechenautomaten vorgenommen werden können, daß arithmetische durch logische Operationen darstellbar sind.

Eine weitere Anwendung der Wahrheitswertmatrizen ist die Überprüfung einer Aussagenverbindung mittels Wahrheitswertentwicklung.

Man geht dabei so vor, daß man die einzelnen Aussagen zunächst durch Aussagenvariable ersetzt. Den Aussagenvariablen ordnet man der Reihe nach die möglichen Kombinationen von Wahrheitswerten zu, den aussageverbindenden Partikeln die entsprechenden Wahrheitswertfunktoren und entwickelt dann gemäß den Matrizen der Wahrheitswertfunktoren den Ausdruck, bis alle Funktoren «verbraucht» sind. Ergibt die so erhaltene Matrix an allen Stellen den Wert «W», ist die entsprechende Aussageverbindung immer wahr, d.h. allgemeingültig, ein logisches Gesetz. Ergibt sich an allen Stellen ein «F», so ist die Aussagenverbindung immer falsch, d.h. widerspruchsvoll. Kommen in der Matrix beide Werte vor, so ist die Aussagenverbindung manchmal wahr, d.h. *erfüllbar*, und zwar unter der Voraussetzung, daß die einzelnen Aussagen gerade die Wahrheitswerte besitzen, die ein «W» in der Schlußmatrix ergeben.

Das Verfahren der Wahrheitswertentwicklung mag an einem Beispiel erläutert werden: «Wenn gilt, diese Zahl ist gerade und ihre

Quersumme ist durch 3 teilbar, so gilt, wenn diese Zahl gerade ist, ist ihre Quersumme durch 3 teilbar.»

Das ergibt formalisiert:

2.41 $(p \land q) \rightarrow (p \rightarrow q)$

Die beiden Variablen p und q können die 4 Kombinationen von Wahrheitswerten WW, WF, FW, FF annehmen.

1. Für die erste Kombination ergäbe sich:

$(W \land W) \rightarrow (W \rightarrow W)$ daraus durch Entwicklung der Konjunktion und der Implikation hinten:

$W \rightarrow W$ das ergibt entsprechend der Matrix der Implikation:

W

2. Die zweite Kombination ergibt:

$$(W \land F) \rightarrow (W \rightarrow F)$$
$$F \rightarrow F$$
$$W$$

3. Die dritte Kombination ergibt:

$$(F \land W) \rightarrow (F \rightarrow W)$$
$$F \rightarrow W$$
$$W$$

4. Die vierte Kombination ergibt:

$$(F \land F) \rightarrow (F \rightarrow F)$$
$$F \rightarrow W$$
$$W$$

In allen 4 Fällen ergibt sich «W», der Satz ist also allgemeingültig: aus der Konjunktion folgt also die Implikation. Das Verfahren läßt sich in einem Schema zusammenfassen, wenn man unter den jeweiligen Funktor die sich ergebenden Werte schreibt.

2.42

$(p$	$\land$	$q)$	$\rightarrow$	$(p$	$\rightarrow$	$q)$
W	W	W	W	W	W	W
W	F	F	W	W	F	F
F	F	W	W	F	W	W
F	F	F	W	F	W	F

Hier zeigt die Matrix unter dem zuletzt entwickelten Funktor (Schlußmatrix) das Ergebnis an.

Man prüfe nach diesem Verfahren, was aus dem folgenden Satz folgt: «Wenn es regnet, so ist die Straße naß.»

1. «Wenn es nicht regnet, so ist die Straße nicht naß.»

2. «Wenn die Straße naß ist, so regnet es.»

3. «Wenn die Straße nicht naß ist, so regnet es nicht.»

Wahrheitswertentwicklung zu 1.:

2.43 $(p \rightarrow q) \rightarrow (-p \rightarrow -q)$

W	W	W	W	FW	W	FW	
W	F	F	W	FW	W	WF	
F	W	W	F̲	WF	F	FW	
F	W	F	W̄	WF	W	WF	

Diese Folgerung ist nicht allgemein gültig, da sich an 3. Stelle ein „F" ergibt.

Wahrheitswertentwicklung zu 2.:

2.44 $(p \rightarrow q) \rightarrow (q \rightarrow p)$

W	W	W	W	W	W	W
W	F	F	W	F	W	W
F	W	W	F̲	W	F	F
F	W	F	W	F	W	F

Auch dieser Fall ist nicht allgemein gültig.

Wahrheitswertentwicklung zu 3.:

2.45 $(p \rightarrow q) \rightarrow (-q \rightarrow -p)$

W	W	W	W	FW	W	FW
W	F	F	W	WF	F	FW
F	W	W	W	FW	W	WF
F	W	F	W	WF	W	WF

Dieser Fall ist also allgemeingültig. Eine Implikation darf mithin *kontraponiert* werden (d.h. die beiden Glieder dürfen vertauscht und zugleich beide für sich verneint werden). Die *Inversion* der Implikation dagegen (Fall 1: Verneinung jedes der beiden Glieder) und die *Konversion* (Fall 2: Vertauschung der beiden Glieder) sind nicht allgemeingültig.

Drei verschiedene Variable, mithin die 8 Wahrheitswertkombinationen «WWW», «WWF», WFW», «WFF», «FWW», «FWF», «FFW», «FFF» enthält das folgende Beispiel: Kann man aus den beiden Voraussetzungen: «Wenn der Angeklagte zur Zeit der Tat in Rom war («p»), hat er die Tat nicht begangen» («q») und «Wenn er die Tat nicht begangen hat («q»), hat der Zeuge einen Meineid geschworen («r») » schließen: «Wenn der Angeklagte zur Zeit der Tat nicht in Rom war («p̄»), hat der Zeuge keinen Meineid geschworen («r̄»).

$$2.46 \qquad ((p \to q) \quad \wedge \quad (q \to r)) \quad \to \quad (\neg p \to \neg r)$$

```
1. W W W   W   W W W   W  FW  W FW
2. W W W   F   W F F   W  FW  W WF
3. W F F   F   F W W   W  FW  W FW
4. W F F   F   F W F   W  FW  W WF
5. F W W   W   W W W   F̲  WF  F FW
6. F W W   F   W F F   W  WF  F FW
7. F W F   W   F W W   F̲  WF  F FW
8. F W F   W   F W F   W  WF  W WF
```

Der Schluß ist falsch, da sich in der 5. und 7. Zeile ein F ergibt. (Hier unterstrichen).

Ist die Anzahl der verschiedenen, nicht isomorphen Variablen n, so gibt es jeweils 2^n Kombinationen von Wahrheitswerten; bei 1 also 2, bei 2 gibt es 4, bei 3 gibt es 8, bei 4 gibt es 16 Kombinationen usf. Für jede Kombination kalkuliert man die Formel durch. Eine zweckmäßige Methode dabei ist es, die Kombinationswerte unter die Variablen zu schreiben und daraus den Wert der jeweiligen Funktionen zu berechnen und unter den Funktor zu schreiben und die nicht mehr benötigten Argumentwerte jeweils zu durchstreichen.

Eine Variable, eine Variable mit Negator oder 2 Variable, die durch einen Funktor verbunden sind, nennt man auch Elementarausdruck. Solche Elementarausdrücke können wiederum durch Funktoren verbunden sein usf. Der letzte Funktor, an den man gelangt, wenn man den Aufbau einer Formel so von den Elementarausdrücken aus betrachtet, also gewissermaßen von innen her beginnt, heißt *Hauptfunktor*. Erhält bei der Methode der Wahrheitswertentwicklung der Hauptfunktor in allen Fällen den Wert «W», so ist die entsprechende Aussage ein *logisches Gesetz* oder *Theorem*. Nach Frege werden solche immer wahren Aussagen durch das vorgesetzte Behauptungszeichen «⊢» gekennzeichnet, also z.B. ⊢ $((p \to q) \leftrightarrow (\bar{q} \to \bar{p}))$.
Um Klammern zu sparen, wird festgesetzt, daß $\wedge$ enger bindet als $\vee$, dies wiederum enger als $/$, darauf folgen $\to$, $\leftarrow$, $\leftrightarrow$, $\prec$. Das entspricht etwa der algebraischen Regel, daß das Multiplikationszeichen «·» enger bindet als das Additionszeichen «+». Im vorangehenden Beispiel genügte es also zu schreiben ⊢ $(p \to q \leftrightarrow \bar{q} \to \bar{p})$.
Um Formeln übersichtlicher zu gestalten und Klammern, vor allem solche verschiedener Ordnung, wie eckige, geschweifte usf. zu sparen, hat man Punkte neben den Zeichen eingeführt. Das Behauptungszeichen soll dabei dem $\prec$ noch übergeordnet sein. Es gilt

dann, daß jedes Zeichen mit n Punkten sich in seiner Wirkung erstreckt bis zu einem isomorphen oder untergeordneten Zeichen mit n + 1 Punkten oder einem übergeordneten Zeichen mit n Punkten.

Das zweite der obigen Beispiele würde geschrieben:

$$p \rightarrow q \cdot \wedge \cdot q \rightarrow r \cdot \rightarrow \cdot \bar{p} \rightarrow \bar{r}$$

Mit Hilfe unserer Methode der Wahrheitswertentwicklung können wir nun eine Reihe grundlegender Gesetze als gültig beweisen.

2.51 $\vdash p \leftrightarrow p$

Das ist das aussagenlogische *Indentitätsprinzip*. Gelegentlich wird es auch in der abgeschwächten Form verwandt:

2.52 $\vdash p \rightarrow p$

2.53 $\vdash \bar{\bar{p}} \leftrightarrow p$ Gesetz der doppelten Negation

2.54 $\vdash \bar{\bar{\bar{p}}} \leftrightarrow \bar{p}$ Gesetz der dreifachen Negation

2.55 $\vdash \overline{p \wedge \bar{p}}$ Nichtwiderspruchsprinzip

2.56 $\vdash p \mid \bar{p}$ Nichtwiderspruchsprinzip

2.57 $\vdash p \succ\prec \bar{p}$ Prinzip vom ausgeschlossenen Dritten. Abgeschwächt:

2.58 $\vdash p \vee \bar{p}$

Die verschiedenen Arten von Widersprüchen oder Gegensätzen stehen in einem bestimmten Zusammenhang untereinander, den man logisches Quadrat nennt:

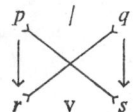

Die Exklusion «p/q» heißt konträrer Gegensatz, die Disjunktion «r ∨ s» subkonträrer Gegensatz, die Kontravalenz «p ≻≺ s» und «r ≻≺ q» kontradiktorischer Gegensatz.

Die Implikation «p → r» heißt dann Subalternation, die Replikation «s ← q» Superalternation.

Um dieses logische Quadrat zu verifizieren, kann man z.B. einsetzen: für «p» : «p ∧ q», für «q» : «p̄ ∧ q̄», für «r» : «p ∨ q», für «s» : «p/q». Aber auch die Einsetzung von «p ↔ q», «p ∧ q̄», «p → q», «p ≻≺ q» für «p», «q», «r», «s» ergibt z.B. das logische Quadrat.

Wie wir schon sahen, können wir Aussageverbindungen auf ihre Folgerichtigkeit prüfen, indem wir sie 1. formalisieren, d.h. gleiche Aussagen durch isomorphe Variable ersetzen und den Partikeln entspr. Aussagefunktoren zuordnen, und dann 2. mittels der Wahrheitswertentwicklung prüfen, ob diese Formel allgemeingültig ist, d.h. ob der Hauptfunktor stets den Wert «W» erhält. Eine solche stets wahre Formel nennen wir auch *logische Identität* oder *Tautologie*. Erhält der Hauptfunktor stets den Wert «F», so ist die entsprechende Aussage unter allen Umständen falsch, d.h. sie muß einen *logischen Widerspruch* enthalten. Eine solche stets falsche Formel nennen wir auch eine *Kontradiktion* oder *Antilogie*. Erhalten wir wenigstens einmal «W», sagen wir, die Formel ist *erfüllbar* oder *verifizierbar*. Die Kombination der Wahrheitswerte, in deren Zeile das W auftaucht, gibt an, unter welchen Bedingungen die Formel erfüllbar ist. Erhalten wir wenigstens einmal «F», sagen wir, die Formel ist *widerlegbar*. Die Kombination der Wahrheitswerte, in deren Zeile das «F» auftaucht, stellt wiederum die Bedingung dar, unter der die Formel widerlegbar ist.

Die Aussagen «p ist ein logisches Gesetz», «p ist eine Kontradiktion», «p ist erfüllbar», «p ist widerlegbar» bilden wiederum ein logisches Quadrat. Daraus ergibt sich zum Beispiel, «wenn «p» ein logisches Gesetz ist, dann ist «p» auch erfüllbar». Eine Aussage kann zugleich erfüllbar und widerlegbar sein. Entweder ist eine Aussage erfüllbar, oder sie ist eine Kontradiktion usf.

Um nicht jedesmal die etwas umständliche Methode der Wahrheitswertentwicklung anwenden zu müssen, empfiehlt es sich, einige logische Gesetze sich ein für alle mal zu merken. Eine ausführliche Sammlung der für logisches Schließen benötigten Formeln findet sich in Bocheński$_M$, §§ 5 und 6. Einige der wichtigsten davon seien hier herausgegriffen.

2.6   Gesetze der Konjunktion

2.61 $\vdash p \land q \leftrightarrow q \land p$ Die Konjunktion ist *symmetrisch* oder *kommutativ* oder *konvertibel* (Wie auch Multiplikation und Addition)

2.62 $\vdash p \land q \cdot \land r \cdot \leftrightarrow \cdot p \land \cdot q \land r$ sie ist *assoziativ* (ebenfalls wie Multiplikation und Addition)

2.63 $\vdash p \land p \leftrightarrow p$ *Idempotenz* der Konjunktion

2.64 $\vdash p \land q \leftrightarrow \overline{p \mid q}$ *Reduktion* der Konjunktion

2.65 $\vdash \overline{p \land q} \leftrightarrow \bar{p} \lor \bar{q}$ *de Morgansches Gesetz*

2.661 $\vdash p \land q \to p \lor q$ die Konjunktion ist «*stärker*» als die Disjunktion

2.662 $\vdash p \land q \to \cdot p \to q$ Konjunktion ist stärker als Implikation

2.663 $\vdash p \land q \to \cdot p \leftarrow q$ Konjunktion ist stärker als Replikation

2.664 $\vdash p \land q \to \cdot\, p \leftrightarrow q$ Konjunktion ist stärker als Äquivalenz

2.67 $\vdash p \land q \cdot \land \cdot q \land r \cdot \to p \land r$ *Transitivität* der Konjunktion

2.68 $\vdash p \land \cdot q \lor r \cdot \leftrightarrow \cdot\, p \land q \lor p \land r$ *distributiv* bezüglich der Disjunktion

2.69 $\vdash p \land q \to p$ Gesetz des Petrus Hispanus

Was nützen nun diese logischen Gesetze? Nehmen wir zum Beispiel einmal an, «*p*» bezeichne die Aussage «Die Zahl 169 ist eine Quadratzahl» und «*q*» bezeichne «Die Zahl 169 ist durch 3 teilbar». Das Gesetz 2.65 besagt dann: «Es ist nicht wahr, daß die Zahl 169 eine Quadratzahl ist *und* daß die Zahl 169 durch 3 teilbar ist, gilt genau dann, wenn die Zahl 169 keine Quadratzahl ist *oder* wenn die Zahl 169 nicht durch 3 teilbar ist.» Dieses nach de Morgan benannte Gesetz (das übrigens schon Petrus Hispanus bekannt war, so wie fast sämtliche Gesetze der Aussagenlogik, die im vorigen Jahrhundert «entdeckt» wurden, bereits in der Scholastik bekannt gewesen waren) besagt also, daß die Verneinung der Konjunktion von zwei Aussagen gleichwertig ist mit der Disjunktion der beiden je für sich verneinten Aussagen.

Das Gesetz 2.65 kann man nun benutzen, um eine Regel für die Umformung von Formeln zu erhalten, nämlich:

2.65′ Genau wenn $\overline{p \land q}$, so auch $\bar p \lor \bar q$.

Während 2.51–58 und 2.61–69 allgemeingültige *Gesetze* darstellen, d.h. Ausdrücke, die bei jeder beliebigen Einsetzung von Wahrheitswerten für die Aussagevariablen wahre Aussagen ergeben, gibt eine *Regel* wie z.B. 2.65′ an, wie ich einen allgemeingültigen Ausdruck in einen anderen Ausdruck so umformen kann, daß er allgemeingültig bleibt. Nun kann man zu jedem Gesetz eine entsprechende Regel konstruieren und umgekehrt zu jeder Regel ein entsprechendes Gesetz konstruieren. Gesetze sagen, was *ist*; Regeln dagegen sind *Handlungsanweisungen*, die sagen, was man *tun* soll oder darf. Ein System der Logik, das als Sammlung von Gesetzen dargestellt ist, heißt *Satzlogik*; ein System der Logik, das als Sammlung von Regeln aufgebaut ist, heißt *Regellogik*. Eine Regel enthält neben den Kalkülzeichen Ausdrücke, mit denen etwas *über* die Kalkülzeichen gesagt wird, ähnlich wie etwa in einer deutschen Grammatik der lateinischen Sprache Regeln formuliert werden, in denen mit deutschen Worten etwas über lateinische Worte gesagt wird. Die Ausdrücke, über die gesprochen wird (die Kalkülausdrücke bzw. in unserem Beispiel das Lateinische), heißen *Objektsprache*; über die Objektsprache wird gesprochen mittels der *Metasprache* (in unsern

Regeln die Umgangssprache bzw. im Grammatikbeispiel die deutsche Sprache).

In der Logik ist die Objektsprache der Kalkül; seine Regeln werden in der Metasprache formuliert, d.h. über ihn wird in der Metasprache gesprochen. Diese Metasprache mag in der Umgangssprache formuliert sein – doch sie kann natürlich ebenfalls kalkülisiert werden. Dazu benötigt man dann allerdings Regeln in einer Meta-Metasprache; zu deren Kalkülisierung bedürfte es einer Meta-Metametasprache usf. Letztlich benötigt man also immer einen Rest von Umgangssprache, d.h. es bleibt ein nicht kalkülisierbarer Rest, für den an schlichtes Verständnis appelliert werden muß. Das führt auf das Problem: Wie kann man Logik stringent aufbauen, ohne schon die Logik, die doch für Stringenz unerläßlich ist, bereits zu besitzen? Nun, wie das gelingen kann, kann hier nicht im einzelnen dargetan werden – daß es aber gelingen kann, mag plausibel gemacht werden durch den Hinweis auf den paradoxen Vorgang, daß man in schmutzigem Wasser mit einem schmutzigen Tuch schmutzige Tassen säubern kann.

Aus dem Gesetz 2.61 kann man die Regel ableiten:

2.61′ Wenn $\vdash p \wedge q$, so $\vdash q \wedge p$ und umgekehrt.

D.h. eine Konjunktion bleibt allgemeingültig, wenn ich die beiden Konjunktionsglieder miteinander vertausche.

Aus 2.62 erhält man die entsprechende Regel:

2.62′ Wenn $\vdash p \wedge q \cdot \wedge r$, so $\vdash p \cdot \wedge q \wedge r$ und umgekehrt.

Das heißt, wenn in einer Konjunktion das erste Konjunktionsglied wiederum aus einer Konjunktion besteht, so ist das gleichwertig mit der Konjunktion, die entsteht, wenn ich aus dem 2. Glied dieser untergeordneten Konjunktion und dem 2. Glied der übergeordneten Konjunktion eine Konjunktion bilde und aus dieser so entstandenen Konjunktion wiederum mit dem 1. Glied der untergeordneten Konjunktion eine Konjunktion bilde. Die sprachliche Schwerfälligkeit und schwierige Durchschaubarkeit dieser Regel zeigen wieder einmal, wie durch Verwendung von Formelzeichen nicht nur der Ausdruck abgekürzt, sondern auch das Verständnis wesentlich erleichtert werden kann. Aus 2.62′ kann man zudem folgern, daß innerhalb eines Ausdrucks, in dem nur Konjunktoren und (evtl. negierte) Aussagenvariable vorkommen, Punkte entbehrlich sind.

2.62″ $p \wedge q \cdot \wedge r$ sei gleichwertig mit $p \wedge q \wedge r$ und darum auch gleichwertig mit $p \cdot \wedge q \wedge r$

Aus 2.63 läßt sich die Regel bilden, daß man statt einer Konjunktion mit zwei isomorphen Gliedern eines dieser Glieder allein schreiben kann und daß man umgekehrt statt einer Aussage eine Konjunktion aus zweien mit dieser isomorphen Aussagen setzen darf.

2.661-67 ergeben Regeln, die nicht umkehrbar sind:

2.661′ Wenn $\vdash p \wedge q$, so $\vdash p \vee q$.

D. h. stets wenn eine Konjunktion zweier Aussagen allgemeingültig ist, so gilt dies auch für die Disjunktion dieser beiden Aussagen – aber nicht umgekehrt! Beispiel: Wenn gilt: «Dies Auto hat Vorderradantrieb, und es hat Scheibenbremsen.» So gilt auch stets: «Dies Auto hat Vorderradantrieb, oder es hat Scheibenbremsen.» Die Umkehrung dagegen gilt nicht immer.

Die Disjunktion ergibt sich so als Abschwächung aus der Konjunktion – diese ist gewissermaßen stärker. Sie ist ebenfalls stärker als die Implikation oder Replikation oder Äquivalenz. (2.662–64).

Das Gesetz 2.68 wird vielleicht leichter verständlich, wenn wir seine Entsprechung in der Algebra betrachten, die sich ergibt, wenn wir der Konjunktion die Multiplikation, der Disjunktion die Summe und dem Äquivalentor das Gleichheitszeichen zuordnen:

2.68″ $a \cdot (b + c) = a \cdot b + a \cdot c$

So wie in der Algebra, kann man also auch im Aussagenkalkül Klammern «ausmultiplizieren».

2.7 Gesetze des Disjunktion

2.71 $\vdash p \vee q \leftrightarrow q \vee p$ Die Disjunktion ist *symmetrisch* (vgl. 2.61)

2.72 $\vdash p \vee q \cdot \vee r \leftrightarrow p \vee \cdot q \vee r$ Die Disjunktion ist *assoziativ* (vgl. 2.62)

2.73 $\vdash p \vee p \leftrightarrow p$ Die Disjunktion ist *idempotent* (vgl. 2.63)

2.74 $\vdash p \vee q \leftrightarrow \bar{p} \mid \bar{q}$ *Reduktion der Disjunktion*

2.75 $\vdash \overline{p \vee q} \leftrightarrow \bar{p} \wedge \bar{q}$ *de Morgansches Gesetz* (vgl. 2.65)

2.76 $\vdash p \vee q \leftrightarrow \bar{p} \rightarrow q$ *Umformung der Disjunktion in die Implikation*

2.77 $\vdash p \vee q \wedge . \bar{q} . \rightarrow p$ *modus tollendo ponens*

2.78 $\vdash p \vee q \wedge r \leftrightarrow p \vee q . \wedge . p \vee r$ *distributiv bzgl. Konjunktion* (vgl. 2.86)

2.79 $\vdash p \rightarrow p \vee q$ *disjunktive Erweiterung*

Die Disjunktion teilt etliche Eigenschaften mit der Konjunktion (2.61-3, 2.65). Aus 2.78 kann man die algebraische Entsprechung 2.68″ erhalten, wenn man nunmehr den Disjunktor als Multiplikator «·» und den Konjunktor als Summator «+» deutet. Charakteristisch für die Disjunktion dagegen ist die folgende Regel:

2.76′   Wenn ⊢ $p \lor q$, so ⊢ $\bar{p} \to q$ und umgekehrt.

Diese Regel besagt, daß man z. B. den Satz: «Radios besitzen Röhren, oder sie besitzen Transistoren» auch gleichwertig umformen kann in: «Wenn ein Radio keine Röhren besitzt, so besitzt es Transistoren» und umgekehrt.

Häufig wird auch bei alltäglichen Überlegungen mehr oder weniger unbewußt die Regel angewandt:

2.77′   Wenn ⊢ $p \lor q$ und ⊢ $\bar{q}$, so ⊢ p

So stelle ich zum Beispiel, um Schulden zu vermeiden, die Überlegung an: «Ich muß weniger ausgeben oder mehr verdienen; ich verdiene aber nicht mehr: also muß ich weniger ausgeben.»

2.79′   Wenn ⊢ p, so ⊢ $p \lor q$

Das heißt, eine wahre Aussage darf ich durch eine beliebige Aussage disjunktiv erweitern, also etwa «Gold ist schwerer als Eisen» ergibt die wahre Disjunktion: «Gold ist schwerer als Eisen, oder übermorgen wird es in Stuttgart schneien.»

2.8   *Gesetze der Implikation*

2.81	⊢ $p \to \cdot q \to r \cdot \leftrightarrow \cdot q \to \cdot p \to r$	*Prämissentausch*
2.82	⊢ $p \to q \leftrightarrow \bar{q} \to \bar{p}$	*Kontraposition der Implikation*
2.83	⊢ $p \to p$	*Reflexivität der Implikation*
2.84	⊢ $p \to q \leftrightarrow p \,/\, \bar{q}$	*Reduktion der Implikation*
2.85	⊢ $\overline{p \to q} \leftrightarrow p \land \bar{q}$	*Negation der Implikation*
2.861	⊢ $\bar{p} \to \cdot p \to q$	*Paradoxon der Implikation*
2.862	⊢ $q \to \cdot p \to q$	*Paradoxon der Implikation*
2.87	⊢ $p \to q \cdot \land \cdot q \to r \cdot \to \cdot p \to r$	*Transitivität der Implikation*
2.88	⊢ $p \to q \cdot \land p \cdot \to q$	*modus ponendo ponens*
2.89	⊢ $p \to \bar{p} \cdot \to \bar{p}$	*reductio ad absurdum*

Die Implikation ist nicht symmetrisch. Vorder- und Hinterglied können also nicht wie bei Konjunktion und Disjunktion stets vertauscht werden. Aber es gilt die Kommutativität der Prämissen gemäß 2.81. Wichtig ist die auf dem Kontrapositionsgesetz basierende Regel:

2.82′   Wenn ⊢ $p \to q$, so ⊢ $\bar{q} \to \bar{p}$ und umgekehrt.

Danach kann z. B. aus «Wenn es regnet, so ist die Straße naß» geschlossen werden «Wenn die Straße nicht naß ist, so regnet es nicht.»

Das Reflexivitätsgesetz 2.83 ist eine aussagenlogische Formulierung des berühmten *Satzes der Identität.* (vgl. 2.52)

2.85 zeigt, daß die Verneinung der Implikation gleichwertig ist einer Konjunktion mit verneintem Hinterglied. Wenn zum Beispiel jemand die Implikation bestreitet: «Wenn Knallgas entzündet wird, so entsteht Wasser», so ist das gleichwertig mit der Behauptung: «Knallgas wird entzündet, und es entsteht kein Wasser».

Berühmt sind die schon in der Scholastik bekannten *Paradoxien der Implikation*: 2.861 «*ex falso sequitur quodlibet*», d.h. mit einer falschen Voraussetzung kann man jede beliebige Aussage beweisen. 2.862 «*verum sequitur ex quolibet*», d.h. wenn eine Aussage wahr ist, dann kann sie aus einer beliebigen Voraussetzung folgen.

2.87′ Wenn $\vdash p \rightarrow q$ und $\vdash q \rightarrow r$, so $\vdash p \rightarrow r$

Diese Regel entspricht dem klassischen Syllogismus im Aussagenkalkül. Ein Beispiel: «Wenn die Straße naß ist, so besteht für Autos erhöhte Rutsch- und Schleudergefahr» und «Wenn für Autos erhöhte Rutsch- und Schleudergefahr besteht, so sollte man vorsichtiger fahren», also: «Wenn die Straße naß ist, so sollte man vorsichtiger fahren.»

Von ganz grundlegender Bedeutung für die gesamte Logik ist die sogenannte *Abtrennungsregel*, in der Scholastik *modus ponens* genannt:

2.88′ Wenn $\vdash p \rightarrow q$ und $\vdash p$, so $\vdash q$

Beispiel: «Wenn die Ampel rot zeigt, muß ich anhalten», und da es gerade tatsächlich zutrifft: «Die Ampel zeigt rot», gilt also: «Ich muß anhalten». Diese Regel besagt also: Wenn eine Implikation und ihr Implikans gelten, dann gilt auch das Implikat für sich: Man kann es also gewissermaßen von der Implikation abtrennen und für sich behaupten.

Das Gesetz 2.89 leuchtet in dieser Kürze sofort ein. Unter Berücksichtigung von 2.69 kann man daraus jedoch ein komplexeres Gebilde erhalten:

2.89″ Wenn $\vdash p \wedge q \wedge r \wedge s \rightarrow \bar{p}$ so $\vdash \bar{p}$

D.h., wenn aus einer Theorie sich eine Folgerung ergibt, die im Widerspruch zu einer der Voraussetzungen steht, dann ist diese Voraussetzung (und damit die ganze Theorie) falsch. Auf dieser Regel beruht die bekannte Methode, Theorien auf Grund ihrer falschen Konsequenzen zu verwerfen.

2.9 *Gesetze der Äquivalenz*

2.91 $\vdash p \leftrightarrow q \cdot \leftrightarrow \cdot q \leftrightarrow p$ Symmetrie der Äquivalenz

2.92 $\vdash p \leftrightarrow q \cdot \leftrightarrow r : \leftrightarrow : p \leftrightarrow \cdot q \leftrightarrow r$ Assoziativität der Äquivalenz

2.93 $\vdash p \leftrightarrow p$ *Reflexivität der Äquivalenz* (vgl. 2.83, 2.51)

2.94 $\vdash p \leftrightarrow q \cdot \leftrightarrow \cdot p \,/\, \bar{q} \cdot \Lambda \cdot \bar{p} \,/\, q$ *Reduktion der Äquivalenz*

2.951 $\vdash \overline{p \leftrightarrow q} \cdot \leftrightarrow \cdot p \succ\!\!\prec q$ *Negation der Äquivalenz*

2.952 $\vdash \bar{p} \leftrightarrow q \cdot \leftrightarrow \cdot p \succ\!\!\prec q$ *Negation der Äquivalenz*

2.961 $\vdash p \leftrightarrow q \cdot \rightarrow \cdot p \rightarrow q$ *implikative Abschwächung der Äquivalenz*

2.962 $\vdash p \leftrightarrow q \cdot \rightarrow \cdot p \leftarrow q$ *replikative Abschwächung der Äquivalenz*

2.97 $\vdash p \leftrightarrow q \cdot \Lambda \cdot q \leftrightarrow r \cdot \rightarrow \cdot p \leftrightarrow r$ *Transitivität der Äquivalenz*

2.98 $\vdash p \leftrightarrow q \cdot \leftrightarrow \cdot \bar{q} \leftrightarrow \bar{p}$ *Kontraposition der Äquivalenz* (vgl. 2.82)

2.99 $\vdash p \leftrightarrow q \cdot \leftrightarrow \cdot \bar{p} \leftrightarrow \bar{q}$ *Inversion der Äquivalenz*

Aus 2.91 ergibt sich die Regel, daß man die Reihenfolge der Glieder einer Äquivalenz vertauschen darf, wie bei Konjunktion und Disjunktion. Mit diesen beiden Funktionen teilt die Äquivalenz auch die Assoziativität (2.92). Mit der Implikation gemeinsam hat sie die Reflexivität (2.93), Kontraponibilität (2.98) und Transitivität (2.97). Die Äquivalenz ist jedoch stärker als die Implikation (2.961) und Replikation (2.962), d. h. sie kann zu diesen beiden jeweils abgeschwächt werden. Charakteristisch für sie ist, daß die Verneinung der Gesamtfunktion (2.951) das gleiche Ergebnis liefert, wie die Verneinung eines ihrer Glieder (2.952). Ebenfalls charakteristisch ist die Inversionsregel:

2.99′   Wenn $\vdash p \leftrightarrow q$, so $\vdash \bar{p} \leftrightarrow \bar{q}$ und umgekehrt.

Eine Äquivalenz darf also auf beiden Seiten verneint werden.

Für Exklusion, Replikation und Kontravalenz möge man mittels Wahrheitswertentwicklung selbst prüfen, welche Arten von Gesetzen gelten. Die Reduktionsgesetze 2.64, 2.74, 2.84 und 2.94 zeigen, daß diese Funktoren jeweils auf die Exklusion reduziert werden können; das trifft übrigens für sämtliche Aussagefunktoren zu: Sie alle können aus dem Exklusor erhalten werden. Es läßt sich ferner zeigen, daß sich sämtliche Gesetze der Aussagenlogik aus wenigen Grundgesetzen, den sog. Axiomen, beweisen lassen mittels der Abtrennungsregel 2.88′ und der *Einsetzungsregel*:

2.991′ Für einen Teilausdruck X von Z darf ein Ausdruck Y eingesetzt werden unter der Voraussetzung, daß das an allen Stellen geschieht, an denen X in Z vorkommt.

Als Axiome genügen z. B. die folgenden vier:

2.992 $\vdash p \vee p \rightarrow p$ (VgZ. 2.73, 2.961)

2.993 $\vdash p \rightarrow p \vee q$

2.994 $\vdash p \vee q \rightarrow q \vee p$ (Vgl. 2.71)

2.995 $\vdash p \rightarrow q \cdot \rightarrow \cdot \mathrm{rvp} \rightarrow \mathrm{rvq}$

Wie man aus der Abtrennungsregel 2.88', der Einsetzungsregel
2.991' und den 4 Axiomen 2.992–5 die Sätze des Aussagenkalküls herleitet, zeigt Bocheński$_M$ n. § 8.

3. Über Prädikate

Bei der Lehre vom Zeichen lernten wir die Zerlegung von Ausdrücken in *Funktor* und *Argument*. Ein Beispiel dafür sei die Zerlegung der Aussage «Die Rose ist rot» in den Funktor «ist rot» und das Argument «die Rose»:

3.011 {ist rot} (die Rose)

Die Struktur dieses Beispieles läßt sich ganz allgemein schreiben:

3.012 {*f*} (*a*)

Als Argument *a* kann hier ein Individuenname fungieren, als Funktor *f* ein Funktor, der diesem Argument eine Beschaffenheit zuordnet und so eine Aussage bildet. Einen solchen Funktor nennen wir *Prädikator*. Unter *Prädikat* verstehen wir den *Namen einer Beschaffenheit. Einstellige Prädikate* sind *Namen für Eigenschaften, mehrstellige Prädikate Namen für Beziehungen.* Der Prädikator drückt das Prädikat und seine Zuordnung zu dem Argument aus, enthält also *Beschaffenheit plus Kopula.*

Beispiele für Aussagen mit *monadischen* Prädikatoren:

3.013 {ist die Hauptstadt Frankreichs} (Paris)

3.014 {raucht} (Peter)

3.015 {ist weiß} (die Kreide)

3.016 {ist eine Primzahl} (17)

Beispiele für *dyadische* Prädikatoren:

3.021 {ist Lehrer von} (Sokrates, Plato)

3.022 {begrüßt} (Herr Müller, Herrn Lehmann)

3.023 {ist größer als} (Hamburg, Bremen)

3.024 {verspeist} (Ursula, eine Portion Hummer)

ganz allgemein:

3.025 *f* (*a*, *b*)

Beispiele für *triadische* Prädikatoren:

3.031 {gibt} (Klaus, Dieter, das Buch)

3.032 {ist Produkt von} (12, 3, 4)

3.033 {berichtet} (der Botschafter, dem Minister, den Vertragsvorschlag)

ganz allgemein:

3.034 *f* (*a*, *b*, *c*)

Beispiele für *tetradische* Prädikatoren:

3.041 {liegt zwischen} (Holland, Deutschland, Belgien, Nordsee)

3.042 {geht spazieren} (Albert, mit Ulla, abends, an d. Alster)
ganz allgemein:

3.043 f (a, b, c, d)

Ersetzt man ein Argument durch eine Leerstelle, so erhält man aus 3.012:

3.11 f ( )

Die Leerstelle kann man durch eine Individuenvariable kennzeichnen. So ergibt sich:

3.12 f (x)

Man nennt das so entstandene Gebilde eine *Aussageform*. Durch Einsetzung von Konstanten für die Variable erhält man dann wieder wahre oder falsche Aussagen:

3.13 f (a).

Man kann aber auch eine Aussageform zur Aussage umformen, indem man die *freie* Variable *bindet* durch *Quantifikatoren*.

3.14 $\forall x\, f(x)$ lies: für alle x gilt f von x

$\forall x$ heißt *Generalisator* oder *All-Operator*. Gelegentlich schreibt man diesen auch «(x)».

3.15 $\exists x\, f(x)$ lies: für wenigstens ein x gilt f von x

$\exists x$ heißt *Partikularisator* oder *Existenz-Operator*. Gelegentlich schreibt man diesen auch «$(\exists x)$» oder «(Ex)».

Die *Generalisation* bedeutet, daß die Aussageform für *alle* Einsetzungen in die Leerstelle wahre Aussagen ergibt, also:

3.161 $\forall x\, f(x) = \mathrm{df}\, f(a_1) \wedge f(a_2) \wedge f(a_3) \wedge \ldots$

Entsprechend bedeutet die *Partikularisation*, daß *wenigstens eine* Einsetzung in die Leerstelle eine wahre Aussage ergibt, also:

3.162 $\exists x\, f(x) = \mathrm{df}\, f(a_1) \vee f(a_2) \vee f(a_3) \vee \ldots$

Soweit es sich um endliche Bereiche von Argumenten handelt, stellen beide Funktoren also lediglich Abkürzungen dar. Sie werden gemeinsam *Quantifikatoren* genannt. Die Zeichen «$\forall$» und «$\exists$» allein heißen *Quantoren*; gelegentlich wird auch statt Quantifikator einfach Quantor gesagt. Da in den *Principia Mathematica* die Quantifikatoren in Klammern geschrieben werden, heißen sie auch *Klammerzeichen*.

Die Quantifikatoren sind Funktoren, die aus einer Aussageform eine Aussage machen. Die entsprechende Variable in der Aussageform wird durch die isomorphe Variable des Quantifikators *gebunden*; d.h. es dürfen für sie jetzt keine Konstanten mehr eingesetzt werden. *Freie* Variable heißen auch *echte* Variable, *gebundene* auch *scheinbare* Variable.

Beispiel für eine freie Variable wäre x in den beiden folgenden Formeln:

3.171 $f(x) \to g(x)$

3.172 $\forall y.\, f(y) \leftrightarrow g(x)$

Beispiel für eine gebundene Variable wäre x in den drei folgenden Formeln:

3.181 $\exists x.\, f(x) \,/\, g(x)$

3.182 $\forall x\, f(x) \to f(y)$

3.183 $\forall x \exists y \cdot f(x) \to g(y)$

Zur Schreibweise: Der Quantifikator erstreckt sich immer nur auf die Aussageform, die ihm unmittelbar folgt. Soll sein Geltungsbereich weiter reichen, werden ihm Punkte beigefügt. Er erstreckt sich dann bis zu einer Punktgruppe gleicher Anzahl, z.B. in

3.19 $\forall x\colon f(x) \to \cdot\, p \lor f(x) \colon\!\leftrightarrow\, \cdot\, q \land \exists x \cdot f(x) \to g(x)$

erstreckt sich der Generalisator bis zum Äquivalentor, der Partikularisator bis zum Ende der Formel.

Werden alle Variablen einer Aussageform durch einen Generalisator gebunden, spricht man von *Generalisierung*; werden alle durch einen Partikularisator gebunden, heißt das *Partikularisierung*. Die Generalisierung der Implikation zweier Aussageformen heißt auch *formale Implikation*, die einer Äquivalenz *formale Äquivalenz*.

Beispiele:

3.211 $\forall x \cdot f(x) \to g(x)$ *formale Implikation*

3.212 $\forall y \cdot f(y) \leftrightarrow g(y)$ *formale Äquivalenz*

Zum Unterschied von der formalen Implikation bzw. Äquivalenz spricht man dann auch von *materialer* Implikation bzw. Äquivalenz, wenn diese in Formeln des Aussagenkalküls auftreten. Die formale Implikation kann man anwenden, um universelle Urteile der Umgangssprache zu umschreiben.

Beispiele:

«Alle Raben sind schwarz»; bezeichnet «$R(\ )$» den Prädikator «Rabe» und «$S(\ )$» den Prädikator «ist schwarz», so ergibt sich:

3.221 $\forall x \cdot R(x) \to S(x)$ *universell-positives Urteil*

«Kein Vogel ist ein Säugetier» ergäbe entsprechend:

3.222 $\forall x \cdot V(x) \to \bar{S}(x)$ *universell-negatives Urteil*

Hierbei ist allerdings zu beachten, daß die Implikation auch dann wahr ist, wenn das Vorderglied falsch ist, d.h. wenn es gar keine Raben oder gar keine Vögel gäbe. Es dürfen also nur solche Prädikate verwandt werden, die auf wenigstens ein Individuum zutreffen, wie das in der Aristotelischen Logik (und wohl auch in der Umgangssprache) grundsätzlich vorausgesetzt wird. Um alle Gesetze der aristotelischen Logik zu erhalten, muß man diese Voraussetzung bei kalkülmäßigen Herleitungen eigens hinzufügen und auch sicherstellen, daß die Verneinungen der Prädikate auf ein Individuum wenigstens zutreffen. Dadurch werden die Formeln etwas lang und umständlich, d.h. der Prädikatenkalkül ist nicht gut zur Umschreibung der klassischen universellen Urteile geeignet. Die vorangehenden beiden Umschreibungen erhielten nämlich die Gestalt:

3.221′ $\quad \forall x \cdot R(x) \to S(x) \cdot \wedge \exists x\, R(x) \wedge \exists x\, S(x) \wedge \exists x\, \bar{R}(x) \wedge \exists x\, \bar{S}(x)$

3.222′ $\quad \forall x \cdot V(x) \to \bar{S}(x) \cdot \wedge \exists x\, V(x) \wedge \exists x\, S(x) \wedge \exists x\, \bar{V}(x) \wedge \exists x\, \bar{S}(x)$

Die Umschreibungen der partikulären Urteile erfolgen mittels Partikularisator und Konjunktor. Das Beispiel für ein *positiv-partikuläres Urteil*: «Einige Logiker sind Pfeifenraucher» ergäbe:

3.223 $\quad \exists x \cdot L(x) \wedge P(x)$

Das Beispiel für ein *negativ-partikuläres Urteil*: «Einige Amerikaner sind keine Weißen» ergäbe:

3.224 $\quad \exists x \cdot A(x) \wedge \bar{W}(x)$

Hier ist zwar die Existenz von Individuen, auf die die Prädikate zutreffen, gesichert. Für kalkülmäßige Herleitungen muß jedoch auch gesichert sein, daß die Verneinungen keine leeren Prädikate ergeben. (Ein *Prädikat* heißt *leer*, wenn es auf kein Individuum zutrifft.) Dann lauten die Formeln:

3.223′ $\quad \exists x \cdot L(x) \wedge P(x) \cdot \wedge \exists x\, \bar{L}(x) \wedge \exists x\, \bar{P}(x)$

3.224′ $\quad \exists x \cdot A(x) \wedge \bar{W}(x) \cdot \wedge \exists x\, \bar{A}(x) \cdot \wedge \exists x\, W(x)$

Wir werden später sehen, daß der *Klassenkalkül* besser geeignet ist, die Aristotelischen Urteilsarten zu umschreiben.

Man kann nun nicht nur Prädikatoren, sondern auch Quantifikatoren verneinen.

Beispiel: «Nicht jede Wolke bringt Regen.»

3.231 $\quad \bar{\forall} x \cdot W(x) \to R(x)$

«Es gibt keine weißen Mäuse.»

3.232 $\quad \bar{\exists} x \cdot M(x) \wedge W(x)$

Zwischen der Negation des Quantifikators und des Prädikators bestehen folgende gesetzmäßigen Zusammenhänge:

3.233 $\quad \vdash \forall x\, f(x) \leftrightarrow \bar{\exists} x\, \bar{f}(x)$

3.234 $\quad \vdash \bar{\forall} x\, f(x) \leftrightarrow \exists x\, \bar{f}(x)$

3.235 $\quad \vdash \exists x\, f(x) \leftrightarrow \bar{\forall} x\, \bar{f}(x)$

3.236 $\quad \vdash \bar{\exists} x\, f(x) \leftrightarrow \forall x\, \bar{f}(x)$

Diese vier Gesetze lassen sich, wenn man die Generalisierung als Abkürzung einer Konjunktion (vgl. 3.161) und die Partikularisierung als Abkürzung einer Disjunktion (vgl. 3.162) auffaßt, mittels der de Morganschen Gesetze beweisen. Sie lassen sich in der Regel zusammenfassen:

3.237 Werden alle Quantifikatoren und Aussageformen negiert und alle Generalisatoren durch Partikularisatoren ersetzt und umgekehrt, so bleibt der Wahrheitswert der Aussage unverändert. Im einzelnen ergeben sich die Regeln:

3.233′ Wenn ⊢ $\forall x\, f(x)$, so ⊢ $\overline{\exists}x\, \bar{f}(x)$ und umgekehrt.

Beispiel: «Alle Dinge sind benennbar» ist gleichwertig mit: «Es gibt kein Ding, das nicht benennbar ist.» Wird der Funktor «ist benennbar» durch «$B(\ )$» bezeichnet, so läßt sich das symbolisch darstellen:

3.233″ ⊢ $\forall x\, B(x) \leftrightarrow \overline{\exists}x\, \bar{B}(x)$

Zu 3.234 wählen wir das Beispiel: «Nicht jeder ist Raucher», das heißt soviel wie «Es gibt Nicht-Raucher», symbolisiert:

3.234″ ⊢ $\bar{\forall}x\, R(x) \leftrightarrow \exists x\, \bar{R}(x)$

Das Gesetz 3.235 mag erläutert werden durch das Beispiel: «Es gibt Gesunde», das ist gleichwertig mit «Es trifft nicht für alle zu, daß sie nicht gesund sind», symbolisiert:

3.235″ ⊢ $\exists x\, G(x) \leftrightarrow \bar{\forall}x\, \bar{G}(x)$

Zu 3.236: «Es gibt keine Riesen» besagt dasselbe wie: «Für alle Wesen gilt, daß sie nicht Riesen sind», als Formel:

3.236″ ⊢ $\overline{\exists}x\, R(x) \leftrightarrow \forall x\, \bar{R}(x)$

So kann man auch zusammengesetzte Ausdrücke umformen und z. B. beweisen: «Alle Schotten sparen» ist gleichwertig mit: «Es gibt keinen Schotten, der nicht spart.» Es bezeichne «S» «Schotte» und «Sp» «sparen». Dann ergibt unsere Voraussetzung:

3.241 $\forall x.\, S(x) \rightarrow Sp(x),$ daraus nach 3.233

3.242 $\exists x\, \overline{S(x) \rightarrow Sp(x)},$ daraus nach 2.85

3.243 $\exists x\cdot S(x) \wedge \bar{Sp}(x)$ das aber war unsere Behauptung.

Als weiteres Beispiel sei gezeigt, daß der Satz «Nicht alle Geizhälse sind Schotten» als gleichwertig ergibt: «Es gibt Geizhälse, die keine Schotten sind.»

3.251 $\bar{\forall}x\cdot G(x) \rightarrow S(x),$ daraus nach 3.234

3.252 $\exists x\, \overline{G(x) \rightarrow S(x)},$ daraus nach 2.85

3.253 $\exists x.\, G(x) \wedge \bar{S}(x)$

Für die Arbeit im Prädikatenkalkül benutzt man folgende Axiome, die sich übrigens bei der schon erwähnten konjunktiven bzw. disjunktiven Interpretation der Quantifikatoren leicht im Aussagenkalkül beweisen lassen:

3.31 $\vdash \forall x\, f(x) \to f(a)$

3.32 $\vdash f(a) \to \exists x\, f(x)$

Das erste besagt: Wenn eine Aussageform für alle Einsetzungen wahre Aussagen ergibt, dann ergibt sie auch für ein bestimmtes Argument *a* eine wahre Aussage. Beispiel: «Wenn alle Körper der Schwerkraft unterliegen, so unterliegt auch dies Buch der Schwerkraft».

Das 2. Axiom besagt: Wenn ein Prädikat auf ein bestimmtes Argument *a* zutrifft, dann gibt es jedenfalls eine Einsetzung, die die entsprechende Aussageform zu einer wahren Aussage macht. So ergibt sich z. B. aus «Diese Rose ist rot» der Satz: «Es gibt rote Dinge».

Aus den beiden Axiomen zusammen läßt sich auf Grund der Transitivität der Implikation (2.87) ein weiteres Gesetz herleiten:

3.33 $\vdash \forall x\, f(x) \to f(a) \cdot \wedge \cdot f(a) \to \exists x\, f(x) \cdot \to \cdot \forall x\, f(x) \to \exists x\, f(x)$

Daraus auf Grund der Abtrennungsregel 2.88':

3.34 $\vdash \forall x\, f(x) \to \exists x\, f(x)$

Das bedeutet: Wenn eine Aussageform für alle Einsetzungen wahre Aussagen ergibt, dann muß es auch wenigstens eine Einsetzung geben, für die sie eine wahre Aussage ergibt. Daraus ergibt sich die Regel:

3.34' Wenn die Generalisierung einer Aussageform behauptet ist, kann auch die Partikularisierung behauptet werden. (Die Umkehrung gilt nicht.)

Zahlreiche weitere Gesetze des Prädikatenkalküls lassen sich aus den Axiomen 3.31–32 erhalten. Ferner gelten im Prädikatenkalkül sämtliche Gesetze des Aussagenkalküls und alles, was sich nach dem folgenden *Analogieprinzip* daraus herleiten läßt:

3.35 Aus jedem Gesetz des Aussagenkalküls kann man ein Gesetz des Prädikatenkalküls erhalten, indem man für «*p*» einsetzt «*f(x)*», für «*q*» «*g(x)*», für «*r*» «*h(x)*», für «*s*» «*j(x)*» usf. und das Ganze generalisiert.

Beispiele: Das *Nicht-Widerspruchsprinzip*

2.55 $\vdash \overline{p \wedge \bar{p}}$ ergibt

3.36 $\vdash \forall x\, \overline{f(x) \wedge \bar{f}(x)}$, daraus nach 3.236:

3.37 $\vdash \exists x \cdot \overline{f(x) \wedge \bar{f}(x)}$

Die prädikatenlogische Formulierung des Nicht-Widerspruchsprinzips besagt also: «Es gibt keinen Gegenstand, der eine Eigenschaft zugleich besitzt und nicht besitzt.»

Aus dem *Transitivitätsgesetz*

2.87 $\vdash p \to q \cdot \wedge \cdot q \to r \cdot \to \cdot p \to r$ ergibt sich:

3.38 $\vdash \forall x : f(x) \to g(x) \cdot \wedge \cdot g(x) \to h(x) \cdot \to \cdot f(x) \to h(x)$

Daraus auf Grund des Axioms 3.31:

3.39 $\vdash f(a) \to g(a) \cdot \wedge \cdot g(a) \to h(a) \cdot \to \cdot f(a) \to h(a)$

Es bedeute nun «*a*» «dies Tier hier», «*f*» «Mahlzähne besitzen», «*g*» «Wiederkäuer sein», «*h*» «Paarhufer sein». Dann ergibt sich: «Wenn gilt: Wenn dies Tier Mahlzähne besitzt, so ist es Wiederkäuer, und wenn es Wiederkäuer ist, so ist es Paarhufer; so folgt daraus: Wenn dies Tier Mahlzähne besitzt, so ist es Paarhufer.»

Wichtig sind noch die *Gesetze der Verschiebung* für Quantifikatoren

3.41 $\vdash \forall x. f(x) \wedge g(x) \leftrightarrow \forall x f(x) \wedge \forall x g(x)$

Der Generalisator ist also distributiv in Bezug auf die Konjunktion.

Beispiel: Wenn gilt: «Jedes Gewehr besitzt einen Lauf und eine Abzugsvorrichtung», so gilt auch: «Jedes Gewehr besitzt einen Lauf, und jedes Gewehr besitzt eine Abzugsvorrichtung». Ebenso gilt die Umkehrung dazu.

3.42 $\vdash \exists x \cdot f(x) \wedge g(x) \cdot \to \exists x f(x) \wedge \exists x g(x)$

Beispiel: Wenn gilt: «Es gibt ein Auto mit Zweitaktmotor und Vorderradantrieb», so gilt auch: «Es gibt ein Auto mit Zweitaktmotor, und es gibt ein Auto mit Vorderradantrieb». Hier ist die Umkehrung keineswegs immer wahr. Gegenbeispiel: Wenn es einen Menschen gibt, der verheiratet ist, und wenn es einen Menschen gibt, der Papst ist, so folgt daraus keineswegs, daß es einen Menschen gibt, der verheiratet und zugleich Papst ist.

3.43 $\vdash \exists x \cdot f(x) \vee g(x) \cdot \leftrightarrow \exists x f(x) \vee \exists x g(x)$

Beispiel: Wenn gilt: «Es gibt einen Studenten, der Logik oder Psychologie studiert», so gilt auch: «Es gibt einen Studenten, der Logik studiert, oder es gibt einen Studenten, der Psychologie studiert». Ebenso gilt die Umkehrung.

3.44 $\vdash \forall x f(x) \vee \forall x g(x) \to \cdot \forall x \cdot f(x) \vee g(x)$

Aus einer Disjunktion kann man also den Generalisator ausklammern, doch er ist nicht allgemein distributiv bezüglich der Disjunktion.

Beispiel: Wenn gilt: «Alle Tulpen dieses Beetes sind rot, oder alle Tulpen dieses Beetes sind gelb», so gilt auch: «Alle Tulpen dieses Beetes sind rot oder gelb». Jedoch gilt nicht die Umkehrung: «Wenn alle Tulpen dieses Beetes rot oder gelb sind, so sind alle Tulpen dieses Beetes rot, oder alle Tulpen dieses Beetes sind gelb»; denn es könnten ja auch beide Farben zugleich auftreten.

3.45 $\vdash \forall x \cdot f(x) \to g(x) \cdot \to \cdot \forall x f(x) \to \forall x g(x)$

Beispiel: «Wenn für alle Studenten gilt: Wer Philosophie studiert, versteht die geistigen Strömungen der Gegenwart», so gilt auch: «Wenn alle Studenten Philosophie studieren, so verstehen alle Studenten die geistigen Strömungen der Gegenwart.»

3.46 $\vdash \forall x. f(x) \leftarrow g(x) \cdot \rightarrow \cdot \forall x\, f(x) \leftarrow \forall x\, g(x)$

Beispiel: «Wenn für alle Studenten gilt: Nur wer Griechisch kann, kann in Philosophie promovieren», so gilt auch: «Nur wenn alle Studenten Griechisch können, können alle Studenten in Philosophie promovieren.»

3.47 $\vdash \forall x. f(x) \leftrightarrow g(x) \cdot \rightarrow \cdot \forall x\, f(x) \leftrightarrow \forall x\, g(x)$

Beispiel: «Wenn für alle Zahlen gilt: Eine Zahl ist genau dann durch 3 teilbar, wenn ihre Quersumme durch 3 teilbar ist», so gilt auch: «Genau dann, wenn die Quersumme jeder Zahl durch 3 teilbar ist, so ist jede Zahl durch 3 teilbar». Die Umkehrung gilt nicht allgemein, denn aus dem Satz: «Genau wenn alle Zahlen Primzahlen sind, sind alle Zahlen ungerade» folgt keineswegs: «Für alle Zahlen gilt, daß sie genau dann Primzahlen sind, wenn sie ungerade sind» Der erste Satz ist nämlich wahr, da er eine Äquivalenz von zwei falschen Sätzen darstellt; der zweite dagegen ist falsch. Wenn sich aber ein falscher Satz aus einem wahren ergibt, liegt eine falsche Implikation vor! (Vgl. nach 0.27)

Wenn vorausgesetzt wird, daß x in p nicht vorkommt, gilt:

3.481 $\vdash \forall x \cdot f(x) \lor p \cdot \leftrightarrow \forall x f(x) \lor p$

3.482 $\vdash \exists x \cdot f(x) \lor p \cdot \leftrightarrow \exists x f(x) \lor p$

3.483 $\vdash \forall x \cdot p \rightarrow f(x) \cdot \leftrightarrow p \rightarrow \forall x\, f(x)$

3.484 $\vdash \exists x \cdot p \rightarrow f(x) \cdot \leftrightarrow p \rightarrow \exists x\, f(x)$

Jedoch ändert sich der Quantifikator in den beiden folgenden Gesetzen:

3.485 $\vdash \forall x . f(x) \rightarrow p \cdot \leftrightarrow \exists x\, f(x) \rightarrow p$

3.486 $\vdash \exists x \cdot f(x) \rightarrow p \cdot \leftrightarrow \forall x\, f(x) \rightarrow p$

Aus bereits bekannten Gesetzen des Aussagenkalküls ergeben sich im Prädikatenkalkül:

3.491 $\vdash \forall x \cdot f(x) \rightarrow g(x) \cdot \wedge \exists x f(x) \cdot \rightarrow \exists x\, g(x)$ (vgl. 2.88)

Daraus läßt sich die Regel bilden:

3.491′ Wenn $\vdash \forall x \cdot f(x) \rightarrow g(x)$ und $\vdash \exists x f(x)$ so $\vdash \exists x\, g(x)$

Beispiel: Es sei gegeben: «Alle Vögel sind gefiedert» und «Es gibt hier Vögel», so kann man daraus schließen: «Es gibt hier Tiere mit Federn».

3.492 $\vdash \forall x \cdot f(x) \rightarrow g(x) \cdot \wedge f(a) \cdot \rightarrow g(a)$ (Vgl. 2.88)

Auch dazu läßt sich eine entsprechende Regel 3.492′ bilden. Als Beispiel diene: «Alle Rechtecke haben gleiche Diagonalen» und «Diese Figur ist ein Rechteck», also: «Diese Figur hat gleiche Diagonalen». Die Regel 3.492′ wird in der traditionellen Logik dem Syllogismus Barbara zugeordnet.

3.493 $\vdash \forall x \cdot f(x) \to g(x) \cdot \wedge \bar{g}(a) \cdot \to \bar{f}(a)$ *modus tollendo tollens*
Beispiel: «Alle Westfalen sind Deutsche» und «Herr Dupont ist kein Deutscher», also: «Herr Dupont ist kein Westfale.»

Dyadische Prädikatoren sind Funktoren, die *zwei* Argumenten ein Prädikat zuordnen. Beispiel: Hamburg liegt an der Elbe.

3.511 {*liegt an*} (*Hamburg, Elbe*)
Ganz allgemein:
3.512 $f(x,y)$

Ein dyadisches Prädikat ist der Name einer zweistelligen Beschaffenheit oder Beziehung. Es gibt auch Beziehungen zwischen drei und mehr Individuen und entsprechend *triadische, tetradische, pentadische* Prädikatoren. (vgl. 3.03–04)
Dazu lassen sich entsprechende Aussageformen bilden (Scholz spricht von *Funktionalen*). Die Stellenzahl eines Prädikators kann man, um Klammern zu sparen, auch durch einen Index andeuten, also:

3.513 $f_3\, x,y,z$

Für mehrfache Quantifizierungen gelten folgende Regeln:
3.521 $\forall xy\, f(x,y) =\mathrm{df}\, \forall x \cdot \forall y\, f(x,y)$
3.522 $\exists xy\, f(x,y) =\mathrm{df}\, \exists x \cdot \exists y\, f(x,y)$
3.523 $\forall x \exists y\, f(x,y) =\mathrm{df}\, \forall x \cdot \exists y\, f(x,y)$
3.524 $\exists x \forall y\, f(x,y) =\mathrm{df}\, \exists x \cdot \forall y\, f(x,y)$

Die Reihenfolge von Quantifikatoren ist nur zum Teil vertauschbar:
3.531 $\vdash \forall x \forall y\, f(x,y) \leftrightarrow \forall y \forall x\, f(x,y)$
3.532 $\vdash \exists x \exists y\, f(x,y) \leftrightarrow \exists y \exists x\, f(x,y)$

Sofern nur Generalisatoren oder nur Partikularisatoren vor einer Aussageform stehen, darf man unbeschadet des Wahrheitswertes der Aussage die Reihenfolge der Quantifikatoren ändern.

3.533 $\vdash \exists x \forall y\, f(x,y) \to \forall y \exists x\, f(x,y)$

Dieses Gesetz läßt sich nicht allgemeingültig umkehren. Beispiel: «*f*» bedeute «größer als», die Variablen mögen dem Individuenbereich der Zahlen zugeordnet sein. Dann ergibt das Implikans: «Es gibt eine Zahl, die größer ist als alle Zahlen.» Daß es aber eine größte Zahl gibt, ist offensichtlich falsch. Das Implikat ergibt: «Zu jeder Zahl gibt es eine größere Zahl», und das ist wahr. Kehrte man obigen Satz um, würde man also von einer wahren auf eine falsche Aussage schließen, was unzulässig ist. (Vgl. nach 0.27) Mehrstellige Prädikate werden notwendig gebraucht bei der Formalisierung mathematischer Beweise. Z. B. lautet das berühmte *Parallelen-Axiom*: «Durch einen gegebenen Punkt gibt es zu einer gegebenen Geraden genau eine Parallele». Mit unseren bisherigen Hilfsmitteln könnten wir das so ausdrücken: «Es gibt ein Ding x, das eine Gerade ist, und es gibt ein Ding y, das ein Punkt ist, und es gibt ein Ding z, das eine Gerade ist, und z schneidet y, und x ist mit z parallel, und für alle Dinge u, die Geraden sind und y schneiden und parallel zu x sind, gilt: Sie sind identisch mit z».

3.54 $\exists x \exists y \exists z \forall u$: {Gerade} (x) ∧ {Punkt} (y) ∧ {Gerade} (z)
    ∧ {Schneiden }(z,y) ∧ {Parallel} (x,z) ∧ {Gerade} (u) ∧
    {Schneiden} (u, y) ∧ {Parallel} (u,x) → {Identisch} (u,z)

Dieser Satz stellt kein logisches Gesetz dar, das heißt, wenn für die speziellen Prädikate «Gerade», «Punkt» usf. Prädikatenvariable «*f*», «*g*» usf. eingesetzt werden, ist er nicht allgemeingültig. Aber es lassen sich dann bei entsprechender Einsetzung Fälle konstruieren, für die er gilt. Wir sagen, er ist erfüllbar.

Beispiele für erfüllbare Prädikatausdrücke:

3.551 $\exists x\, f(x)$

Das heißt, es gibt ein Ding mit der Eigenschaft f. Bedeutet «*f*» z.B. «rot», so heißt das: «Es gibt rote Dinge».

3.552 $\forall x\, f(x)$

Das heißt, alle Dinge besitzen die Eigenschaft f. Auch dieser Satz ist erfüllbar, wenn wir z. B. «*f*» als «mit sich selbst identisch» deuten. Im Bereich der natürlichen Zahlen z.B. ist sicher erfüllbar:

3.553 $\exists x \exists y \cdot f(x) \wedge \bar{f}(y)$

Wir brauchen nur «*f*» als «gerade» zu interpretieren, dann heißt das: «Es gibt gerade und ungerade Zahlen.» Aus «allgemeingültig» und «erfüllbar» läßt sich ein logisches Quadrat bilden:

3.554

allgemeingültig wahr	/	unerfüllbar wahr
unerfüllbar falsch		allgemeingültig falsch
erfüllbar wahr	v	nicht allgemeingültig wahr
nicht allgemeingültig falsch		erfüllbar falsch

Allgemeingültig wahr und allgemeingültig falsch kann also eine Aussageform nicht zugleich sein. Wohl aber kann sie zugleich erfüllbar wahr und erfüllbar falsch sein. Ist sie allgemeingültig wahr, so ist sie auch erfüllbar wahr, aber nicht umgekehrt. Ist sie allgemeingültig falsch, so ist sie nicht allgemeingültig wahr, aber nicht umgekehrt.

Die Erfüllbarkeit in einem bestimmten Individuenbereich besagt nicht Erfüllbarkeit in jedem Individuenbereich. Zum Beispiel ist die folgende Formel:

    3.555 $\bigvee x \bigvee y\, f(x,y)$

(wenn «f» bedeutet «verschieden von») sicherlich erfüllbar in einem Bereich, in dem es wenigstens *zwei* verschiedene Individuen gibt, aber unerfüllbar, wenn es nur *ein* Individuum gibt. Nun gilt:

    3.556   Wenn eine Formel in einem Individuenbereich mit n Individuen erfüllbar ist, so ist sie es auch in jedem Bereich, der mehr als n Individuen umfaßt.

Man spricht deshalb auch von *n-zahligen Individuenbereichen* oder *n-zahligen Welten*.

«Erfüllbar» ist ein Prädikat, dessen Argument eine Aussage oder eine Aussageform ist. Prädikatoren, die Individuen als Argumente haben, heißen auch *Prädikatoren 1. Stufe*. Prädikatoren, die statt Individuen Prädikatoren 1. Stufe als Argument haben, heißen *Prädikatoren 2. Stufe*: Beispiel: «Der Prädikator «ist gleich groß» ist symmetrisch».

    3.61   {symmetrisch} (ist gleich groß)

Mit solchen Prädikaten-Prädikaten kann man wieder Aussageformen bilden und diese quantifizieren.

Um zum Beispiel die strukturellen Eigenschaften von Funktoren zu definieren, behandelt man den Funktor als Argument und die entsprechende strukturelle Eigenschaft als Prädikator 2. Stufe:

    3.621 {transitiv} (f) $=$df $\bigvee x \bigvee z \exists y\, f(x,y) \wedge f(y,z) \to f(x,z)$
    3.622 {symmetrisch} (f) $=$df $\bigvee x \bigvee y\, f(x,y) \leftrightarrow f(y,x)$
    3.623 {idempotent} (f) $=$df $\bigvee x \cdot f(x,x) \leftrightarrow f(x)$
    3.624 {kontrapotent} (f) $=$df $\bigvee x \cdot f(x,x) \leftrightarrow \bar{f}(x)$
    3.625 {reflexiv} (f) $=$df $\bigvee x \cdot f(x,x)$
    3.626 {kontraponibel} (f) $=$df $\bigvee x \bigvee y \cdot f(x,y) \leftrightarrow f(\bar{y},\bar{x})$
    3.627 {invertibel} (f) $=$df $\bigvee x \bigvee y \cdot f(x,y) \leftrightarrow f(\bar{x},\bar{y})$

Das Prinzip der vollständigen Induktion lautet: «Es gilt für alle Eigenschaften f: Wenn f auf die Zahl *1* zutrifft und wenn sie, sofern

sie auf x zutrifft, auch auf die auf x folgende Zahl zutrifft, so trifft f
auf alle Zahlen zu.» Das ergibt symbolisiert:

3.63 $\forall f : f(1) \land \cdot \forall xy \cdot f(x) \land \{folgt\ auf\} (y,x) \to f(y) \cdot \to \forall x f(x)$

Nun könnte man auch die Aussage bilden:

3.641 $f(f)$

Das heißt: «f trifft auf sich selbst zu.» Dann ließe sich «f trifft nicht
auf sich selbst zu» etwa durch den Prädikator «g» bezeichnen und
wie folgt definieren:

3.642 $g(f) = \text{df}\ \bar{f}(f)$ daraus erhalten wir:

3.643 $g(f) \leftrightarrow \bar{f}(f)$ setzen wir hier nach Regel 2.991′ für f
　　　　　　　　　　　　überall g ein:

3.644 $g(g) \leftrightarrow \bar{g}(g)$ – das aber ist ein Widerspruch! (vgl. 2.89)

Die Herleitung 3.642–4 sei an folgendem Beispiel erläutert: Ein
Wort, das eine Eigenschaft, die es aussagt, auch selbst besitzt, heiße
autolog. Da zum Beispiel das Wort «dreisilbig» selbst dreisilbig ist,
ist es autolog. Ebenso ist das Wort «Wort» ein Wort und damit
autolog, desgleichen «Substantiv», «lesbar», «gedruckt» usf. Ein Wort,
das das, was es aussagt, nicht selbst ist, nennen wir *heterolog*; zum
Beispiel ist das Wort «einsilbig» selbst nicht einsilbig, sondern dreisilbig und damit heterolog. Ähnlich ist das Wort «Tisch» selbst kein
Tisch, mithin heterolog (und so wohl die meisten Worte!). Wie steht
es nun mit dem Wort «heterolog» selbst? Wäre es heterolog, dann
träfe es auf sich selbst zu, wäre also autolog; wäre es aber autolog,
träfe es auf sich selbst nicht zu, wäre also heterolog. In jedem Fall
ergibt sich hier ein Widerspruch: Es liegt also eine echte *Antinomie*
vor.

Der Prädikatenkalkül höherer Stufen ist also ohne weitere Ab-
sicherung nicht widerspruchsfrei. Die Entdeckung dieser *logischen
Antinomien* in der Mengenlehre um die Jahrhundertwende löste die
sog. *Grundlagenkrise der Mathematik* aus. Es wurden verschiedene
Versuche zu ihrer Behebung unternommen. Die erste und bekann-
teste ist die sog. *Typentheorie* von Russell. Er führte die Unterscheidung nach Stufen von Prädikaten ein und setzte fest, daß als Argumente eines Prädikators stets nur Ausdrücke vom gleichen Typus
an eine Argumentstelle eingesetzt werden dürfen und daß der Prädikator vom Typ $n+1$ ist, wenn das Argument vom Typus n ist.
Den Typus der Stufe 0 bilden Individuen; Individuenprädikate sind
dann vom Typus der Stufe 1, Prädikaten-Prädikate sind vom Typus
der Stufe 2 usf. Diese Festsetzung merzt zwar die Paradoxien aus,
bringt aber manche anderen Komplikationen mit sich.

Ein sehr wichtiges dyadisches Prädikat ist das der *Identität*. Man kann sie definieren:

3.71 $I(x,y) = df \forall f. f(x) \leftrightarrow f(y)$

Das ist die berühmte *identitas indiscernibilium*, die *Identität des Ununterscheidbaren* von G. W. Leibniz (1646–1716).

Zwei Dinge, die in allen Eigenschaften *f* (wobei auch örtliche und zeitliche Bestimmungen Eigenschaften sind) übereinstimmen, sind demnach identisch. Da diese Definition mancherlei philosophische Probleme aufwirft, versucht man in der Logik auf sie zu verzichten und «identisch» als undefinierten Grundbegriff einzuführen. Es soll dann gelten:

3.72 $\vdash \forall xy: I(x,y) \rightarrow \cdot \forall f \cdot f(x) \leftrightarrow f(y)$

Wenn zwei Dinge identisch sind, so besitzen sie also genau die gleichen Eigenschaften. Wichtig ist hier, daß *Identität eine Eigenschaft von Individuen* ist, noch genauer: von Individuennamen. Identität besagt, daß zwei Namen dasselbe Individuum bezeichnen. Die Relation des Bezeichnens ist vierstellig:

3.731   {*Bezeichnet*}   (*n,a,g,l*)

Das bedeutet: Ein Name *n* bezeichnet an einem Ding *a* einen bestimmten Gehalt *g* in der Sprache *l*. Der Name *n* ist dabei ein phonetisches oder graphisches Gebilde, das Ding *a* ein Einzelgegenstand (Individuum), der Gehalt *g* ist das, was an diesem Individuum erfaßt wird. (Ein Individuum kann nämlich unter sehr verschiedenem Gehalt erfaßt werden: «Der Straßburger Student, der der Freund von Friederike Brion war», «der Frankfurter Advokat, der dichtete, sich amüsierte und seine Praxis vernachlässigte», «der Verfasser des Faust», «der Weimarische Staatsminister und Freund des Herzogs Ernst August» meinen jeweils einen verschiedenen Gehalt an demselben Individuum Goethe.) Die Sprache sollte mit angegeben werden, da Namen in verschiedenen Sprachen Verschiedenes bedeuten können.

Setzt man nun fest, daß zwei verschiedene Namen *n* und *m* in zwei Bezeichungsrelationen auftreten, deren übrige drei Argumente isomorph sind:

3.731   {*Bezeichnet*}   (*n,a,g,l*)

3.732   {*Bezeichnet*}   (*m,a,g,l*)

so kann man diese beiden Relationen zu einer fünfstelligen Relation zusammenfassen, und diese ist die Identität:

3.733 $I(n,m,a,g,l)$

Identität ist dann die Beziehung, die besteht, wenn zwei verschiedene

70

Namen dasselbe Individuum in derselben Sprache mit demselben Gehalt bezeichnen.

Bei Eigenschaften und Klassen dagegen sollte man nicht von Identität, sondern von *Gleichheit* sprechen: Zwei Gäste können nicht dasselbe Schnitzel verzehren, sondern höchstens zwei verschiedene Schnitzel mit gleichen Eigenschaften. Wenn Vater und Sohn *dasselbe* Auto besitzen, haben sie zusammen nur *eines*; wenn sie aber das *gleiche* besitzen, soll das heißen, daß sie *zwei* Autos von gleichem Typ, gleicher Farbe usf. besitzen.

Das Wort «*verschieden*» ist leider mehrdeutig: es kann «*nicht identisch*» und «*ungleich*» bedeuten. Statt «nicht identisch» sagt B. v. Freytag-Löringhoff auch «*divers*»; Scholz sagt «*distinkt*». Eine andere Schreibweise für Identität läßt sich wie folgt einführen:

3.741 $\quad x \equiv y \ = \mathrm{df} \ I(x,y)$

3.742 $\quad x \not\equiv y = \mathrm{df} \ \overline{x \equiv y}$

Die Identität ist u.a. von Bedeutung, um Zählaussagen einführen zu können:

3.751 $\quad \exists_1 f = \mathrm{df} \ \exists x \, f(x)$

Dieser Funktor heißt *Eins-Minimator*. Man spricht: «Es gibt wenigstens ein f».

3.752 $\quad \exists_2 f = \mathrm{df} \ \exists xy \cdot x \not\equiv y \wedge f(x) \wedge f(y)$

Dieser Funktor heißt *Zwei-Minimator*; man spricht: «Es gibt wenigstens zwei f»; er besagt, daß es wenigstens *zwei* Gegenstände gibt, auf die das Prädikat f zutrifft.

3.753 $\quad \exists_3 f = \mathrm{df} \ \exists xyz. \ x \not\equiv y \wedge x \not\equiv z \wedge y \not\equiv z \wedge f(x) \wedge f(y) \wedge f(z)$
$\qquad\qquad\qquad$ *Drei-Minimator*

3.754 $\quad \exists_n f = \mathrm{df} \ \exists x_1 \ldots x_n . \ x_1 \not\equiv x_2 \wedge x_1 \not\equiv x_3 \ldots \wedge x_2 \not\equiv x_3 \ldots$
$\qquad\qquad \wedge \ x_{n-1} \not\equiv x_n \wedge f(x_1) \wedge \ldots \wedge f(x_n)$

Der *n-Minimator* besagt, daß es *wenigstens n* Dinge mit der Eigenschaft f gibt.

Beispiele:

3.751′ $\quad \exists_1$ *Erdmond* $\quad$ d.h. es gibt wenigstens einen Erdmond

3.752′ $\quad \exists_2$ *Weltkrieg*

3.753′ $\quad \exists_3$ *Deutsche Millionenstädte*

3.754′ $\quad \exists_{12}$ *Apostel*

3.755′ $\quad \exists_{106}$ *Chemische Elemente*

3.756′ $\quad \exists_{261}$ *Päpste*

Der Minimator behauptet nur, daß es *wenigstens n* der angegebenen Dinge gibt; es können also auch mehr sein: z.B. kann es (evtl. in der Zukunft) noch mehr Weltkriege, Elemente oder Päpste geben. Und wenn man Paulus und Barnabas mitzählt, gibt es mehr als 12 Apostel.

3.761 $\exists_n! f =_{df} \overline{\exists}_{n+1} f$

Dieser Funktor heißt *Maximator* und besagt, daß es *höchstens n* Gegenstände gibt, auf die das Prädikat f zutrifft. Daß es *höchstens n f* gibt, wird dadurch ausgedrückt, daß es *nicht wenigstens n+1 f* gibt.

3.762 $\exists_2! f \leftrightarrow \exists xy \forall z : z \not\equiv y \to z \equiv x \cdot \wedge \cdot z \not\equiv x \to z \equiv y \cdot \wedge$
$f(x) \wedge f(y)$

Beispiele:

3.761' $\exists_1!$ *gegenwärtig regierender Papst* d.h. es gibt höchstens einen gegenwärtig regierenden Papst – es könnte aber auch (z. Zt. der Sedisvakanz) keinen Papst geben.

3.762' $\exists_2!$ *Seiten einer Fläche* d.h. eine Fläche hat höchstens zwei Seiten, sie kann aber auch weniger haben, z.B. das Möbius'sche Blatt.

3.763' $\exists_3!$ *Stadtstaaten der Bundesrepublik* d.h. Hamburg, Bremen und Berlin; zählt man letzteres nicht mit zur Bundesrepublik, wären es nur zwei.

3.771 $\exists_n!! f =_{df} \exists_n f \wedge \exists_n! f$

Dieser Funktor heißt *Numerator*. Man spricht: «Es gibt genau *n f*.»

Beispiele:

3.771' $\exists_1!!$ *gerade Primzahl*

3.772' $\exists_2!!$ *Quadratwurzeln einer Zahl*

3.773' $\exists_3!!$ *Kaiser aus dem Hause Hohenzollern*

3.774' $\exists_4!!$ *Kanonische Evangelien*

3.775' $\exists_5!!$ *Regelmäßige Körper*

Die *Identität* ist *reflexiv*:

3.781 $\vdash a \equiv a$ d.h. «Jedes Ding ist mit sich selbst identisch»

3.782 $\vdash \forall x \cdot x \equiv x$, daraus nach   3.34:

3.783 $\vdash \exists x \cdot x \equiv x$

Aus der *Reflexivität der Identität* folgt also, daß es wenigstens ein Individuum gibt. In einer Welt, in der das *Identitätsprinzip* 3.781 gilt, gibt es auch wenigstens ein Individuum: eine solche *Welt* kann also *nicht leer* sein.

Setzt man voraus, daß verschiedene mögliche Welten durch die Anzahl ihrer Individuen verschieden sein sollen, so kann man

Identitätsaussagen konstruieren, die für alle möglichen Welten gelten. Solche Aussagen, die demnach nicht nur für unsere wirkliche, sondern auch *für alle möglichen Welten* gelten, darf man mit Scholz sicher als *metaphysische Aussagen* bezeichnen. Die Theorie der Identitätsaussagen bietet also die Möglichkeit, exakte Aussagen metaphysischer Art zu machen. Allerdings würde eine solche *Metaphysik als strenge Wissenschaft* nur einen sehr spärlichen Gehalt aufweisen. (vgl. Scholz₁)

Der Quantifikator ist ein Funktor, der aus einer Aussageform eine Aussage bildet. Um aus einer Aussageform ein Individuum zu erhalten, benutzt man einen anderen Funktor, den *Deskriptor*.

Man schreibt:

$$3.81 \quad \bigcap x\, f(x)$$

und spricht: «dasjenige x, für das f von x gilt». Der Gesamtausdruck heißt eine *Kennzeichnung* oder eine *Deskription*. Gelegentlich wird auch «$\acute{x}$» statt «$\bigcap x$» geschrieben. In den *Principia Mathematica* wird «$(\imath x)$» geschrieben. Scholz nennt den Deskriptor *Unifikator*.

Beispiele: bedeutet «f» «ist Begründer der Quantentheorie», so bedeutet «$\bigcap x\, f(x)$» «der Begründer der Quantentheorie».

D.h. diese Kennzeichnung bezeichnet dasselbe Individuum wie der Name «Max Planck». Weitere Beispiele für Kennzeichnungen wären:

Die Hauptstadt Dänemarks

Der Kölner Dom

Der Verfasser der Apostelgeschichte

Die dritte Potenz von fünf

Das Haus meines Vaters

Die Frau meines Bruders Otto

$$3.82 \quad E!\bigcap x\, f(x) =_{df} \exists a\, \forall x \cdot f(x) \leftrightarrow x \equiv a$$

Das meint: «Es existiert dasjenige x, für das f von x gilt.» Diese Definition besagt, daß der gekennzeichnete Gegenstand existiert und daß es genau einen Gegenstand dieser Art gibt, denn jeder andere Gegenstand, für den $f(x)$ gilt, soll mit dem gekennzeichneten Gegenstand identisch sein. In der deutschen Sprache entspricht etwa der bestimmte Artikel dem Deskriptor. «Der deutsche Minister» ist sinnlos, da es mehrere deutsche Minister gibt. «Der regierende König der Schweiz» ist ebenfalls sinnlos, da der so gekennzeichnete Gegenstand nicht existiert. Das gleiche gilt für «die Primzahl zwischen 23 und 29», «die Gattin von Immanuel Kant», «der von genau 7 regelmäßigen Fünfecken begrenzte Körper».

$$3.83 \quad \vdash \text{E!} \cap x\, f(x)) \leftrightarrow \exists_1 !!f$$

$$3.84 \quad \vdash g(\cap x\, f(x)) \rightarrow \text{E!}\cap x\, f(x)$$

Eine Deskription ist ein Individuum und kann also Argument eines Prädikators sein – doch nur, wenn das gekennzeichnete Individuum auch existiert. Aus der Feststellung, daß der gekennzeichnete Gegenstand eine bestimmte Eigenschaft besitzt, folgt also, daß er existiert. Beispiel: «Das Auto Huberts ist ein Mercedes» besagt also, daß es ein Auto Huberts gibt. «Der Philosophenturm in Hamburg hat 14 Stockwerke»: also gibt es einen Philosophenturm in Hamburg.

Zwischen zwei Kennzeichnungen kann Identität bestehen:

$$3.85 \quad \cap x\, f(x) \equiv \cap x\, g(x)$$

Beispiel: «f» möge bezeichnen «die Stadt, in der Albertus Magnus begraben liegt», «g» «die Stadt, deren Universität unter Oberbürgermeister Adenauer neu gegründet wurde»; die Formel 3.85 besagt, daß es sich beide Male um dieselbe Stadt handelt (nämlich Köln).

Die Identität mit Kennzeichnungen als Argumenten ist symmetrisch und transitiv:

$$3.86 \quad \vdash \cap x\, f(x) \equiv \cap x\, g(x) \leftrightarrow \cap x\, g(x) \equiv \cap x\, f(x)$$

$$3.87 \quad \vdash \cap x\, f(x) \equiv \cap x\, g(x) \land \cap x\, g(x) \equiv \cap x\, h(x) \rightarrow$$
$$\cap\ x f(x) \equiv \cap x\, h(x)$$

Als Beispiel setze man in 3.87 für «f» ein «der Begründer der Logik», für «g» «der Lehrer Alexanders des Großen», für «h» «der Verfasser der Nikomachischen Ethik».

Die Identität ist jedoch bezüglich von Kennzeichnungen nur reflexiv, wenn der gekennzeichnete Gegenstand existiert:

$$3.88 \quad \vdash \text{E!}\cap x\, f(x) \rightarrow \cap x\, f(x) \equiv \cap x\, f(x).$$

4. Über Klassen

Der Deskriptor ist ein Funktor, der aus einer Aussageform ein Individuum ergibt; es besteht aber auch das Bedürfnis, all die Individuen zu bezeichnen, auf die ein bestimmtes Prädikat zutrifft. Das leistet der sog. *Abstraktor*. Wenn z.B. «*f*» bedeutet «Universitätsprofessor sein», kann man die Aussage bilden «*f(a)*», d.h. «*a* ist ein Universitätsprofessor», «*f(b)*» «*b* ist ein Universitätsprofessor» und schließlich die Aussageform «*f(x)*» d.h. «... ist Universitätsprofessor». Um nun die Gesamtheit der «*a, b, ...*» zu bezeichnen, die Universitätsprofessoren sind, oder mit anderen Worten, den Bereich aller Argumente, die für «*x*» eingesetzt die Aussageform «*f(x)*» zu einer wahren Aussage machen, schreibt man

4.01 $\hat{x} \{f(x)\}$

Man spricht: «die x, für die gilt *f* von *x*». Der Funktor «^» heißt *Abstraktor* oder auch *Komprehensor* oder *Lambda-Operator*. Seine Anwendung auf eine Aussageform ergibt, sofern er die gleiche Variable wie die Aussageform zum Argument hat, eine *Klasse*. Die Klasse ist die *Extension* eines *Allgemeinbegriffes* oder ein *Universale*. Die Klasse bietet gewissermaßen einen komplementären Aspekt zum Prädikat bezüglich des gleichen Sachverhaltes.

Blicke ich zunächst auf bestimmte Eigenschaften und ihr Zutreffen auf Individuen, so erhalte ich ein Prädikat. Das nennt man *intensionale* Betrachtungsweise. Bei *extensionaler* Betrachtungsweise dagegen gehe ich von den Individuen aus, auf die ein Prädikat zutrifft; fasse ich sie jeweils zusammen, so erhalte ich eine Klasse. Prädikate werden im Prädikatenkalkül, Klassen im *Klassenkalkül* behandelt. Beide sind also lediglich zwei Aspekte des gleichen logischen Sachverhaltes. Manches läßt sich nun einfacher bei intensionaler Betrachtungsweise, d.h. unter Benutzung der Definitionen des Prädikatenkalküls, anderes bequemer bei extensionaler Betrachtungsweise, d.h. im Klassenkalkül darstellen und formal bearbeiten.

Beispiele für Klassen: «Die Einwohner Kölns» (d.h. die Kölner), «die Pfeifenraucher», «die Lehrerinnen», «die Schreibmaschinen», «die roten Gegenstände», «die Autofahrer», «die Tische».

Alles, was als Eigenschaft in einem einstelligen Prädikator auftreten kann, kann auch eine Klasse bilden, z.B. kann man bilden «die Klasse der Blonden», «die Klasse der Hungrigen», «die Klasse der Dummen» usf. Alle im Zuschauerraum eines Theaters gerade Anwesenden bilden «die Klasse der Zuschauer dieser Aufführung». So wie man zu jedem Prädikat eine Klasse bilden kann, kann man auch zu jeder Klasse ein Prädikat bilden. Im Grenzfall, wenn man nicht weiß, auf Grund welcher Eigenschaften die Individuen zu einer Klasse zusammengefaßt werden, ergibt die Aufzählung der Individuen selbst ein Prädikat, das die Klasse bestimmt. Wenn z. B. eine Klasse aus den drei Individuen Meier, Müller und Lehmann besteht, mag es offenbleiben, ob diese nun einen Skatclub bilden, gleichaltrige Arbeitskollegen oder Bewohner desselben Hauses sind, oder auf Grund welcher Eigenschaft immer sie zu einer Klasse verbunden sind. Um eine solche Eigenschaft zu erhalten, kann man zu der Klasse, die sie bilden, die Aussageform konstruieren: «x ist Herr Meier oder Herr Müller oder Herr Lehmann». Daraus ergibt sich das Prädikat «Meier–oder–Müller–oder–Lehmann–sein».

Der Abstraktor heißt so, weil gewissermaßen von den einzelnen Individuen, für die die darunter befindliche Variable steht, abstrahiert werden soll und nur noch die Ausdehnung des Prädikats, das sie verbindet, betrachtet werden soll. Statt des Abstraktors «$\wedge$» über der entsprechenden Variablen schreibt man «λ» vor die entsprechende Variable, was bequemer ist, wenn von einem längeren Ausdruck abstrahiert werden soll.

4.02 $\lambda x\{f(x)\} = \mathrm{df}\ \hat{x}\{f(x)\}$

Die Individuen, die unter das der Klasse entsprechende Prädikat fallen, nennen wir auch die *Elemente* der Klasse. Die Aussage, daß a ein Element der Klasse der Hamburger ist, schreibt man:

4.03 $a \in \hat{x}\{h(x)\}$

wobei «h» den Prädikator «Einwohner von Hamburg sein» bedeutet. Man spricht «a ist Element der Klasse derjenigen x, für die gilt, h von x». Der Funktor «$\in$» heißt *Elementator*. Er bildet aus einem Individuum und einer Klasse eine Aussage.

Für Klassen, also Ausdrücke der Form 4.01, wollen wir als Abkürzung die großen Buchstaben einführen «K», «L», «M». Es gilt also:

4.04 $K = \mathrm{df}\ \hat{x}\{f(x)\}$

Der etwas umständliche Ausdruck «a ist ein Element der Klasse derjenigen x, für die gilt, x ist Einwohner von Hamburg» läßt sich in der Schreibweise

4.05 $a \in K$ wobei

4.06 $K = \mathrm{df}\ \hat{x}\{h(x)\}$ kürzer sagen: «a ist ein Hamburger».

Zur Abkürzung dienen die beiden folgenden Definitionen:

4.07 $a \notin K = \mathrm{df}\ \overline{a \in K}$

4.08 $a, b \in K =$df $a \in K \land b \in K$

Statt «∉» wird auch «∈̄» geschrieben.

Aus einer oder mehreren Klassen lassen sich neue Klassen bilden mittels der im folgenden definierten *Klassenfunktoren*.

4.11 $K' =$df $\hat{x}\{x \notin K\}$

Man spricht «K-Komplement». Dieser Funktor heißt *Komplementator*; durch seine Anwendung auf die Klasse K entsteht das *Komplement* von K. Dies umfaßt als Elemente all die Gegenstände, die *keine* Elemente von K sind.

Beispiele: Bezeichnet «K» die Klasse der «Löwen», so bezeichnet «K'» die Klasse der «Nicht-Löwen», d.h. all der Gegenstände, die keine Löwen sind, z.B. der Tiger und Krokodile, der Wespen und Nachtigallen, aber auch der Diamanten, Planeten, Lokomotiven, Tangenten, Prädikatoren, Kanalarbeiter, Gartenlauben und Satzzeichen, kurzum aller möglichen Dinge außer den Löwen selbst.

Nun kann man allerdings den Bereich der Dinge, die überhaupt in Betracht kommen sollen (das sogenannte *universe of discourse*) auf einen bestimmten *Gegenstandsbereich* einschränken. Setzt man z.B. als Gegenstandsbereich, der zur Diskussion steht, den Bereich der Raubtiere voraus, so gehören zur Komplementklasse der Löwen nur die übrigen Raubtiere: Wölfe, Leoparden, Füchse usf. Legt man den Bereich der Landtiere zugrunde, so gehören zur Komplementklasse der Löwen außerdem auch Elefanten, Pferde, Igel, Regenwürmer usf.; bei Tieren überhaupt auch Walfische, Adler, Schmetterlinge usf.; bei Lebewesen überhaupt auch Linden, Streptokokken, Radieschen, Pantoffeltierchen, Tulpen usf.; bei allen körperlichen Dingen auch der Kölner Dom, der Groß-Glockner, die Sonne, alle Briefmarken, alle Edelsteine usf.; bei Gegenständen überhaupt auch die Dreiecke und Integrale, Rotkäppchen und Zeus, die h-moll-Sinfonie von Schubert, das Identitätsprinzip und der Implikator, kurzum, der Bereich aller überhaupt möglichen Dinge, die keine Löwen sind.

Ist der Gegenstandsbereich nicht ausdrücklich eingeschränkt, so soll dieser weiteste Bereich genommen werden, der alle die Gegenstände umfaßt, die nicht *in sich widerspruchsvoll* sind (wie viereckige Kreise zum Beispiel). Bei den folgenden Beispielen für Komplementklassen ist gewöhnlich irgendeine Einschränkung des Gegenstandsbereiches vorausgesetzt: Nichtraucher, Nichtschwimmer, Nichtmetalle, Nichtleiter, Nichtordinarien, Nichtmitglieder.

In den *Principia Mathematica* werden Klassen durch die ersten kleinen Buchstaben des griechischen Alphabets bezeichnet, also α, β, γ; das Komplement wird geschrieben «– α».

4.12 $K \cup L = \text{df } \hat{x} \{x \in K \vee x \in L\}$

Man spricht «K zu L» und nennt die so entstandene Klasse die *Vereinigung* oder die *Logische Summe* von K und L. Der Funktor «∪» heißt darum auch *Summator*. Beispiele: Ist K die Klasse der Autofahrer, L die Klasse der Motorradfahrer, so ist die Vereinigung K ∪ L die Klasse aller, die Auto, Motorrad oder beides fahren. Wenn es heißt: «Studenten und Jugendliche erhalten ermäßigten Eintritt», so ist hier offensichtlich die Vereinigungsklasse aus Studenten und Jugendlichen gemeint, d. h. ermäßigten Eintritt erhalten großjährige Studenten, minderjährige Studenten und nichtstudierende Jugendliche – dagegen nicht solche, die weder studieren noch jugendlich sind.

Klassen schreibt man zur Kennzeichnung in eckige Klammern.

4.121 [Arbeiter] ∪ [Angestellte] ∪ [Beamte] wäre die Klasse der Arbeitnehmer.

4.122 [Mannschaften] ∪ [Unteroffiziere] ∪ [Offiziere] wäre die Klasse der Soldaten.

4.123 [Pfeifenraucher] ∪ [Zigarettenraucher] ∪ [Zigarrenraucher] ergibt die Klasse der Raucher; dazu gehören auch solche, die evtl. sowohl Pfeifen- wie Zigarrenraucher sind oder zu allen drei Klassen gehören.

4.13 $K \cap L = \text{df } \hat{x} \{x \in K \wedge x \in L\}$

Man spricht «K mit L» und nennt das den *Durchschnitt* der zwei Klassen K und L oder auch ihr *Logisches Produkt*. Den Funktor «∩», der aus zwei Klassen den *Klassendurchschnitt* bildet, nennt man auch *Produktor*.

Beispiele: Wenn K die Klasse der Spanier und L die Klasse der Studenten meinen, so stellt der Durchschnitt K ∩ L die Klasse der spanischen Studenten dar. Wenn es heißt «Jugendliche Arbeitnehmer bedürfen zur Lohnabtretung der Zustimmung des Erziehungsberechtigten.», so ist mit «jugendliche Arbeitnehmer» der Durchschnitt aus der Klasse der Jugendlichen und der Arbeitnehmer gemeint.

4.131 [Schneider] ∩ [Handwerksmeister] ergibt die [Schneidermeister]

4.132 [gleichseitige Fläche] ∩ [Dreieck] ergibt [gleichseitiges Dreieck]

4.133 [in Bayern gelegen] ∩ [Universität] ergibt [bayrische Universitäten]

4.141 $K - L = \text{df } \hat{x} \{x \in K \wedge x \notin L\}$

4.142 $K - L = \text{df } K \cap L'$

Man spricht «*K* ohne *L*» und nennt diesen Ausdruck die *Differenz* von *K* und *L*; der Funktor «–» heißt *Differenzator*.

Beispiele: Wenn *K* die Klasse der chemischen Elemente und *L* die der Metalle bezeichnet, so ergibt die Differenz *K – L* die Klasse der Nichtmetalle. Eine Klassendifferenz liegt auch in folgendem Satz vor: «Alle Primzahlen außer der Zwei sind ungerade.»

4.143   [Hochschullehrer] – [ordentliche Professoren] ergibt [Nichtordinarien]

4.144   [Mitglieder des Aufsichtsrates] – [von der Hauptversammlung gewählt] ergibt [Arbeitnehmervertreter im Aufsichtsrat]

Die schraffierte Fläche bezeichnet

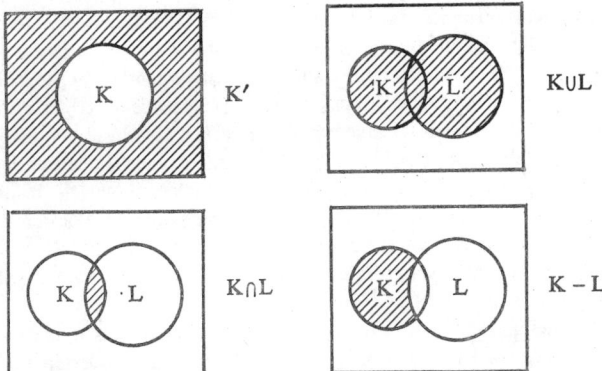

Aus zwei Klassen kann man nicht nur eine neue Klasse bilden, man kann auch über sie Aussagen machen. Die wichtigsten *Klassenaussagen* sind:

4.21 $K = L = \text{df } \forall x.\ x \in K \leftrightarrow x \in L$

Man spricht «*K* gleich *L*». Der Funktor «=» heißt *Äquator*, die durch ihn gebildete Klassenaussage «Gleichheit».

Beispiele: Wenn *K* die Klasse der demokratischen Bundesstaaten in Europa bezeichnet und *L* die europäischen Republiken mit überwiegend deutsch-sprachiger Bevölkerung, dann ist die Gleichheit $K = L$ eine wahre Aussage. Vierfüßige Tiere und Säugetiere wären als Gleichheit eine falsche Aussage.

4.22 $K \subseteq L = \text{df} \ \forall x. \ x \in K \to x \in L$

Man spricht «*K* sub *L*». Der Funktor «⊆» heißt *Subsumptor*, die Aussage, die er aus zwei Klassen bildet, *Subsumption*. In den *Principia Mathematica* wird die Subsumption *Inklusion* genannt und « ⊂ » geschrieben.

Beispiele: Wenn *K* die Klasse der Deutschen, *L* die Klasse der Europäer ist, so ist die Subsumption *K* ⊆ *L* eine wahre Aussage, die besagt, daß die Klasse der Deutschen eingeschlossen ist in der Klasse der Europäer, d.h. «Alle Deutschen sind Europäer». Aus den Klassen der Schweizer und der Franzosen würde sich die falsche Subsumption [*Schweizer*] *sub* [*Franzosen*]. Die Subsumption *K* ⊆ *L* besagt, daß *K* eine *Teilklasse* von *L* ist unter Zulassung des Grenzfalles, daß *K gleich L* ist. Will man diese letzte Möglichkeit ausschließen, so erhält man die *Inklusion*:

4.23 $K \subset L = \text{df} \ K \subseteq L \land \overline{K = L}$

Die Inklusion spricht man «*K* in *L*» und nennt den Funktor *Inklusor*. Da häufig auch die Subsumption Inklusion genannt wird, sagt man, wenn Irrtümer zu befürchten sind, auch *strikte Inklusion*. Beispiel für eine solche strikte Inklusion wäre [*Primzahlen*] *in* [*natürliche Zahlen*], d.h. die Primzahlen sind eine *echte Teilklasse* der natürlichen Zahlen, aber beide Klassen sind nicht gleich, denn es gibt noch natürliche Zahlen, die keine Primzahlen sind. Die beiden Klassen [Kaiser aus dem Haus Hohenzollern] und [Kaiser des 2. Deutschen Reichs] dagegen ergäben eine falsche Inklusion; da beide gleich sind, wären Gleichheit und Subsumption wahr für ihr Verhältnis.

Bei dieser Gelegenheit sei angemerkt, daß die Klassenfunktoren enger als die Klassen-Aussagefunktoren und diese wiederum enger als die Aussagefunktoren binden sollen.

4.231 $\vdash \exists x. \ x \in K \land K \subset L. \to . \exists x . \ x \in L \land x \notin K$

Das heißt, wenn die Klasse *K* ein Element enthält und *K* in *L* gilt, so gibt es ein Element in *L*, das nicht Element von *K* ist. Der Unterschied von Gleichheit, Subsumption und Inklusion sei an folgendem Beispiel erläutert: *K* seien die Mitglieder eines Kegelklubs, *L* die Mitglieder eines Schachklubs. Dann besagt die Gleichheit *K = L*, daß alle Mitglieder des Kegelklubs auch Mitglieder des Schachklubs sind und umgekehrt, mit anderen Worten, beide Klubs umfassen genau dieselben Mitglieder. Die Inklusion *K* ⊂ *L* besagt, daß alle Mitglieder des Kegelklubs auch Mitglieder des Schachklubs sind, daß der Schachklub aber auch noch andere Mitglieder besitzt. Die

Subsumption $K \subseteq L$ besagt, daß alle Mitglieder des Kegelklubs zum Schachklub gehören, läßt aber offen, ob der Schachklub auch noch andere Mitglieder hat.

4.24 $\vdash K \subseteq L \leftrightarrow K \mathrel{c} L \vee K = L$

4.25 $K \supset L = \mathrm{df} \; \forall x \colon x \in K \leftarrow x \in L \cdot \wedge \overline{x \in K \rightarrow x \in L}$

4.251 $\vdash K \supset L \leftrightarrow L \mathrel{c} K$

Man spricht «K um L». Der Funktor «$\supset$» heißt *Circumclusor*; er bildet aus zwei Klassen eine Aussage, die *Umschließung* heißt. Die Umschließung ist die Umkehrung der Inklusion.

Beispiel: Wenn K die Klasse der Vierecke und L die Klasse der Rechtecke ist, so ergibt die Umschließung $K \supset L$ eine wahre Aussage. Entsprechend erhält man aus Säugetieren und Reptilien eine falsche Umschließung.

Man kann analog zur Subsumption $K \subseteq L$ auch die Supersumption bilden:

4.26 $K \supseteq L$

Man spricht dann «K super L» und nennt den Funktor *Supersumptor*. Beispiel: K sei die Klasse der Wettschwimmer, L die Klasse der Brust-Wettschwimmer; dann besagt $K \supseteq L$, daß die Klasse aller Wettschwimmer die Teilnehmer am Brustschwimmen umfaßt oder daß beide Klassen sogar evtl. gleich sind.

4.27 $K \mathbin{\breve{\between}} L = \mathrm{df} \; \exists x \cdot x \in K \wedge x \in L \cdot \wedge \cdot \exists x \cdot x \in K' \wedge x \in L \cdot \wedge$
$\wedge \cdot \exists x \cdot x \in K \wedge x \in L' \cdot \wedge \cdot \exists x \cdot x \in K' \wedge x \in L'$

Man spricht «K über L». Diese Aussage heißt *Überschneidung*.
Beispiele: Wenn K die Klasse der Beamten und L die Klasse der Soldaten bezeichnet, so ist die Überschneidung $K \mathbin{\breve{\between}} L$ wahr, d.h. es gibt beamtete Soldaten. Falsch wäre die Überschneidung aus Insekten und Säugetieren.

4.28 $K \mathbin{\breve{\between}} L = \mathrm{df} \; \exists x. \; x \in K \wedge x \in L$

Sprich «K gemeinsam L». Diese Aussage heißt *Gemeinsamkeit* und besagt, daß die beiden Klassen K und L *wenigstens ein Element gemeinsam* haben, wobei offenbleibt, ob es sich um Gleichheit, Inklusion, Umschließung oder Überschneidung der beiden Klassen handelt; auch der Fall, daß das Komplement von K in L liegt, ist dabei zugelassen.

4.281 $\vdash K \mathbin{\breve{\between}} L \leftrightarrow K = L \vee K \mathrel{c} L \vee K \supset L \vee K \mathbin{\breve{\between}} L \vee K' \mathrel{c} L$

Das Gegenstück zur Gemeinsamkeit wäre die *Fremdheit* von Klassen, die man mittels Subsumptor und Komplementator umschreiben kann:

4.29 $K \subset L'$

Man sagt statt «K sub L-Komplement» auch «K fremd L».

Beispiele für Fremdheit bieten die folgenden Paare von Klassen: [Pferde] und [Katzen]; [Dreiecke] und [Raupen]; [Freimaurer] und [aktive Katholiken]; [gewissenhafte Autofahrer] und [Gewohnheitstrinker].

Zwei Grenzfälle von Klassen sind von besonderer Bedeutung:

4.31 $\dot{1} = df \hat{x}\{x \equiv x\}$

«$\dot{1}$» bezeichnet die *Allklasse*. Sie wird definiert als der Bereich aller Gegenstände, die mit sich selbst identisch, d.h. widerspruchsfrei sind. Dazu gehören grundsätzlich alle überhaupt widerspruchsfrei möglichen Dinge; wird dagegen der *Gegenstandsbereich*, das *universe of discourse*, eingeschränkt, dann fällt dieser eingeschränkte Gegenstandsbereich mit der Allklasse zusammen. Die Allklasse wird auch «V» oder «Υ» geschrieben.

4.32 $\dot{0} = df \hat{x}\{x \neq x\}$

Die *Nullklasse* ist der Bereich all der Dinge, die mit sich selbst nicht identisch sind, d.h. die nicht existieren können, widerspruchsvoll, unmöglich sind. Statt Nullklasse sagt man auch *leere Klasse*. Man schreibt auch «Λ» oder «λ».

Beispiele für eine Nullklasse wären: [Städte, die nördlich von sich selber liegen], [rundes Viereck], [hölzernes Eisen], [Primzahl zwischen 23 und 29].

4.33 $\vdash \dot{0} \subset K$ *Die Nullklasse ist in jeder Klasse enthalten.*

4.34 $\vdash K \supset \dot{0}$ *Jede Klasse umschließt die Nullklasse.*

4.35 $\vdash \dot{1} \supset K$ *Die Allklasse umschließt alle Klassen.*

4.36 $\vdash \dot{0} \subset \dot{1}$

4.37 $\vdash \dot{0}' = \dot{1}$ *Das Komplement der Nullklasse ist die Allklasse.*

4.38 $\vdash \dot{1}' = \dot{0}$ *Das Komplement der Allklasse ist die Nullklasse.*

Im Klassenkalkül gelten ferner folgende Gesetze:

4.411 $\vdash K \cup L = L \cup K$ *Symmetrie der Vereinigung*

4.412 $\vdash K \cap L = L \cap K$ *Symmetrie des Durchschnitts*

4.413 $\vdash K \cup L \cdot \cup M = K \cup \cdot L \cup M$ *Assoziativität der Vereinigung*

4.414 $\vdash K \cap L \cdot \cap M = K \cap \cdot L \cap M$ *Assoziativität d. Durchschnitts*

4.415 $\vdash K \cup K = K$ *Idempotenz der Vereinigung*

4.416 $\vdash K \cap K = K$ *Idempotenz des Durchschnitts*

4.417 $\vdash K = K$ *Reflexivität der Gleichheit*

4.418 $\vdash K \subseteq K$ *Reflexivität der Subsumption*

4.419 $\vdash \overline{K \subset K}$ *Irreflexivität der Inklusion*

4.421 $\vdash K'' = K$ *Doppelte Komplementation*

4.422 $\vdash K \subseteq L \leftrightarrow L' \subseteq K'$ *Kontraposition der Subsumption*

4.423 $\vdash K \subset L \leftrightarrow L' \subset K'$ *Kontraposition der Inklusion*

4.4241 $\vdash K = L \wedge L = M \rightarrow K = M$ *Transitivität der Gleichheit*

4.4242 $\vdash K \subseteq L \wedge L \subseteq M \rightarrow K \subseteq M$ *Transitivität der Subsumption*

4.4243 $\vdash K \subset L \wedge L \subset M \rightarrow K \subset M$ *Transitivität der Inklusion*

4.425 $\vdash K \cap L = K \leftrightarrow K \subseteq L$ *1. Subsumptionskriterium*

4.426 $\vdash K \cup L = L \leftrightarrow K \subseteq L$ *2. Subsumptionskriterium*

4.427 $\vdash K \subseteq L \wedge K \supseteq L \leftrightarrow K = L$ *1. Gleichheitskriterium*

4.428 $\vdash K \cup L \subseteq K \cap L \leftrightarrow K = L$ *2. Gleichheitskriterium*

4.429 $\vdash K \cap L = \dot{0} \wedge K \cup L = \dot{I} \leftrightarrow K = L'$ *Komplementskriterium*

4.431 $\vdash K \mathrel{\between} L \leftrightarrow L \mathrel{\between} K$ *Symmetrie der Gemeinsamkeit*

4.432 $\vdash K \mathrel{\between} L \leftrightarrow L \mathrel{\between} K$ *Symmetrie der Überschneidung*

4.433 $\vdash K \mathrel{\between} L \wedge L \subseteq M \rightarrow K \mathrel{\between} M$

4.434 $\vdash \overline{K = \dot{0}} \leftrightarrow \cdot \text{Ǝ} x \cdot x \in K$

4.435 $\text{Ǝ}!K = \mathrm{df}\ \text{Ǝ} x \cdot x \in K$

4.436 $\vdash \text{Ǝ}!K \leftrightarrow \overline{K = \dot{0}}$

Aus diesen Gesetzen kann man entsprechende Regeln für die Umformung von Ausdrücken des Klassenkalküls bilden, z.B.:

4.427′ Wenn $\vdash K \subseteq L$ und $\vdash K \supseteq L$ so $\vdash K = L$.

4.5 Definiter Klassenkalkül und klassische Urteilslehre

4.501 $\quad K \subsetneq L = df\ K \subsetneq L \wedge \exists! K \wedge \exists! K' \wedge \exists! L \wedge \exists! L'$

4.502 $\quad K \mathbin{\not\subsetneq} L = df\ K \mathbin{\not\subsetneq} L \wedge \exists! K \wedge \exists! K' \wedge \exists! L \wedge \exists! L'$

Im *definiten Klassenkalkül* sind nur solche Klassen zugelassen, die *verschieden* sind *von Null- und Allklasse*, d.h. sowohl jede Klasse wie ihr Komplement dürfen *nicht leer* sein. Die *definite Subsumption* $K \subsetneq L$ entspricht dem *universell-positiven* Urteil der *klassischen Logik*, das dort *SaP* geschrieben wird. (*S* und *P* sollen fernerhin *definite Klassen* bezeichnen.)

4.503 $\quad SaP = df\ S \subsetneq P$

Die *definite Fremdheit* entspricht dem *universell-negativen* Urteil der klassischen Logik:

4.504 $\quad SeP = df\ S \subsetneq P'$

Die *definite Gemeinsamkeit* entspricht dem *partikulär-positiven* Urteil:

4.505 $\quad SiP = df\ S \mathbin{\not\subsetneq} P$

Die *definite Gemeinsamkeit mit komplementiertem Hinterglied* vermag das *partikulär-negative Urteil* zu definieren.

4.506 $\quad SoP = df\ S \mathbin{\not\subsetneq} P'$

Diese vier Urteilsarten hat Aristoteles (384–322) aufgestellt. Die Klasse *S* wird in der *traditionellen Logik Subjekt*, die Klasse *P Prädikat* genannt. Die Eigenschaft, universell oder partikulär zu sein, heißt die *Quantität des Urteils*; die Eigenschaft positiv oder negativ zu sein, seine *Qualität*.

Beispiele:

4.503′ für *SaP*: Alle Edelgase sind chemische Elemente.

Alle durch 9 teilbaren Zahlen sind durch 3 teilbar.

Alle Schmetterlinge sind Insekten.

In der sprachlichen Formulierung werden oft auch nur die Klassen genannt: Der Mensch ist ein sterbliches Wesen.

D.h. die Klasse [Mensch] ist Teilklasse von [sterbliches Wesen].

4.504′ für *SeP*: Kein Reptil ist ein Säugetier.

Kein Rechteck hat ungleiche Diagonalen.

Kein Blinder ist Lenker eines Autos.

4.505′ für *SiP*: Einige Studenten sind musikalisch.

Manche Pferde sind schwarz.

Es gibt weiße Mäuse.

Einige Schiffe haben Dieselmotoren.

4.506′ für *SoP*: Einige Dreiecke sind nicht rechtwinklig.

Einige organische Verbindungen enthalten keinen Schwefel.

Einige Politiker sind keine guten Diplomaten.

Manche chinesische Speisen sind nicht scharf gewürzt.

Aus unserer Umschreibung der vier klassischen Urteilsarten im definiten Klassenkalkül ergeben sich zunächst einmal ohne weiteres die sog. *Äquipollenzgesetze*:

4.511 $\vdash SaP \leftrightarrow SeP'$ denn:

4.511′ $\vdash S\c{c}P \leftrightarrow S\c{c}P''$

4.512 $\vdash SaP' \leftrightarrow SeP$ denn:

4.512′ $\vdash S\c{c}P' \leftrightarrow S\c{c}P$

4.513 $\vdash SiP \leftrightarrow SoP'$ denn:

4.513′ $\vdash S\c{x}P \leftrightarrow S\c{x}P''$

4.514 $\vdash SiP' \leftrightarrow SoP$ denn:

4.514′ $\vdash S\c{x}P' \leftrightarrow S\c{x}P'$

Das besagt, daß die *negativen Urteile* das *Prädikat verneinen*. Damit wird das von Kant (1724–1804) sog. *unendliche* oder *limitative* Urteil als eigene Urteilsart neben dem positiven und negativen Urteil hinfällig.

Neben diesen vier klassischen Urteilsarten kennen wir noch zahlreiche andere Formen von Urteilen, z.B. das *singuläre* Urteil:

4.515 $s \in P$ Beispiel: Sokrates ist ein Mensch.

4.516 $f(a,b,c)$ A liegt zwischen B und C.

Wird ein Urteil als ganzes verneint, so sagen wir, es steht in *kontradiktorischer Opposition* zu dieser seiner Verneinung. Die Verneinung des universell-positiven Urteils ergibt das partikulär-negative; zwischen beiden besteht also *Kontravalenz*. In traditioneller Ausdrucksweise: sie stehen in kontradiktorischer Opposition. Aus 4.521 ergibt sich auf Grund von 2.99 und 2.53 auch 4.523.

4.521 $\vdash \overline{SaP} \leftrightarrow SoP$ denn:

4.521′ $\vdash \overline{S\c{c}P} \leftrightarrow S\c{x}P'$

4.522 $\vdash SaP \asymp SoP$ denn:

4.522′ $\vdash S\c{c}P \asymp S\c{x}P$

4.523 $\vdash \overline{SaP} \leftrightarrow \overline{SoP}$ denn:

4.523′ $\vdash \overline{S\c{c}P} \leftrightarrow S\c{x}P'$

Die Verneinung des universell-negativen Urteils ist äquivalent dem

partikulär-positiven Urteil: beide stehen also ebenfalls in kontradiktorischer Opposition, und das universell-negative Urteil ist folg-
lich auch äquivalent der Verneinung des partikulär-positiven Urteils.

4.524   ⊢ $\overline{SeP}$ ↔ SiP denn:

4.524'   ⊢ $\overline{S\underline{\varsigma}P'}$ ↔ $S\underset{\frac{1}{2}}{\vee}P$

4.525   ⊢ SeP ⋊ SiP denn:

4.525'   ⊢ $S\underline{\varsigma}P'$ ⋊ $S\underset{\frac{1}{2}}{\vee}P$

4.526   ⊢ SeP ↔ $\overline{SiP}$ denn:

4.526'   ⊢ $S\underline{\varsigma}P'$ ↔ $\overline{S\underset{\frac{1}{2}}{\vee}P}$

Beispiele: (4.521–23) «Es ist nicht wahr, daß alle Paarhufer Säugetiere sind» ist gleichwertig mit «Einige Paarhufer sind keine Säugetiere». Ebenfalls ist die Verneinung dieses letzten Satzes äquivalent
dem unverneinten ersten. Die beiden Sätze «Alle Paarhufer sind
Säugetiere» und «Einige Paarhufer sind keine Säugetiere» stehen in
kontradiktorischer Opposition. D.h. genau einer von ihnen ist
wahr und einer falsch.

(4.524–26) Entweder gilt «Kein Edelgas ist brennbar» oder es gilt
«Einige Edelgase sind brennbar». Die beiden Sätze stehen in kontradiktorischer Opposition. Wird einer von ihnen verneint, steht er
in Äquivalenz zu dem andern unverneinten. – Wird das Prädikat
verneint, gehen wir vom positiven zum negativen Urteil gleicher
Quantität über; im Fall des universellen Urteils spricht die tra-
ditionelle Logik dann von *konträrer Opposition*. Diese entspricht
der *Exklusion* 2.26.

4.531   ⊢ SaP / SeP denn:

4.531'   ⊢ $S\underline{\varsigma}P$ / $S\underline{\varsigma}P'$

Beispiel: Es kann nicht zugleich wahr sein, daß alle Farne sich durch
Sporen vermehren und daß kein Farn sich durch Sporen vermehrt.
Wohl aber können universell-positives und universell-negatives
Urteil mit gleichem Subjekt und Prädikat beide falsch sein wie in
folgenden Beispielen: «Alle Kohlehydrate sind verdaulich» und
«Kein Kohlehydrat ist verdaulich».

Bei den partikulären Urteilen nennen wir das Verhältnis zwischen
dem positiven und negativen Urteil *subkonträre Opposition*. Diese
entspricht der *Disjunktion* 2.23:

4.532   ⊢ SiP v SoP denn:

4.532'   ⊢ $S\underset{\frac{1}{2}}{\vee}P$ v $S\underset{\frac{1}{2}}{\vee}P'$

Beispiel: Es kann nicht zugleich falsch sein, daß einige organische
Verbindungen Säuren sind und daß einige organische Verbindungen

keine Säuren sind. Wohl aber kann, wie in diesem Beispiel, beides wahr sein. Ähnlich steht es um die Satzpaare «Einige Quadrate sind Rechtecke» – «Einige Quadrate sind keine Rechtecke»; «Einige Hamburger sind Kaufleute» – «Einige Hamburger sind nicht Kaufleute».

Den Übergang vom universellen zum partikulären Urteil unter Beibehaltung der Qualität nennt man *Subalternation*. Für diese gilt:

4.541   ⊢ $SaP \rightarrow SiP$ denn:

4.541′   ⊢ $S\underline{c}P \rightarrow S\underset{2}{\vee}P$

4.542   ⊢ $SeP \rightarrow SoP$ denn:

4.542′   ⊢ $S\underline{c}P' \rightarrow S\underset{2}{\vee}P'$

Die Umkehrung, also die *Superalternation*, ist nicht allgemeingültig. Ferner ist zu beachten, daß die *Implikation* hier nur den Fall ausschließt, daß bei wahrem universellen Urteil das entsprechende partikuläre falsch ist. Ist das universelle falsch, kann das partikuläre wahr oder falsch sein. Beispiele:

Wenn alle Vögel gefiedert sind, so sind auch einige Vögel gefiedert.

Wenn alle Studenten rothaarig sind, so sind auch einige Studenten rothaarig.

Wenn alle Vögel Säugetiere sind, so sind auch einige Vögel Säugetiere.

Wenn kein Vogel ein Säugetier ist, so sind einige Vögel keine Säugetiere.

Wenn kein Beamter krankenversicherungspflichtig ist, so sind einige Beamte nicht krankenversicherungspflichtig.

Wenn kein Wirbeltier durch Lungen atmet, so atmen einige Wirbeltiere nicht durch Lungen.

Die Gesetze der *kontradiktorischen*, *konträren*, *subkonträren Opposition* und *Subalternation* lassen sich zusammenfassen in dem bekannten *logischen Quadrat* von Boethius (480–524):

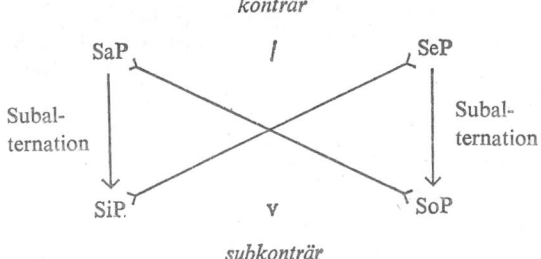

konträr

SaP   *l*   SeP

Subalternation   Subalternation

SiP   v   SoP

subkonträr

Die Diagonalen entsprechen der *kontradiktorischen Opposition*.
Während die kontradiktorischen Oppositionen auch für die einfache
Subsumption und Gemeinsamkeit gelten, sind die Rahmenbeziehungen dieses logischen Quadrates nur für die definite Subsumption
und Gemeinsamkeit gültig, d.h. für Urteile mit *leeren Klassen* sind
sie nicht mehr allgemeingültig. So gilt also z.B. die Subalternation
nur im definiten Bereich!

Die Umkehrungsgesetze

Das *a*- und *o*-Urteil können ohne Veränderung der Quantität kontraponiert werden. Wir nennen das *einfache* oder *reine Kontraposition*. Unter Benutzung der Äquipollenzgesetze 4.512 bzw. 4.514
erhalten wir aus der reinen Kontraposition 4.551 die Formel 4.552
und aus 4.553 dann 4.554.

$$4.551 \quad \vdash SaP \leftrightarrow P'aS' \qquad \text{denn:}$$
$$4.551' \quad \vdash S\underline{\text{ç}}P \leftrightarrow P'\underline{\text{ç}}S' \qquad \text{(Vgl. 4.422)}$$
$$4.552 \quad \vdash SaP \leftrightarrow P'eS \qquad \text{(Vgl. 4.512)}$$
$$4.553 \quad \vdash SoP \leftrightarrow P'oS' \qquad \text{denn:}$$
$$4.553' \quad \vdash S\overset{\circ}{\text{o}}P' \leftrightarrow P'\overset{\circ}{\text{o}}S \qquad \text{(Vgl. 4.431)}$$
$$4.554 \quad \vdash SoP \leftrightarrow P'iS \qquad \text{(Vgl. 4.513)}$$

Beispiele: «Alle Basen ergeben mit Phenolphtalein einen roten Niederschlag» ergibt nach 4.552: «Alles, was keinen roten Niederschlag mit Phenolphtalein ergibt, ist keine Base».
«Alle Kastilier sind Spanier» ergibt: «Alle Nicht-Spanier sind Nicht-Kastilier».
«Einige Fische besitzen keine Schwimmblase» ergibt nach 4.554:
«Einiges, was keine Schwimmblase besitzt, ist ein Fisch». «Einige
Universitätsstädte sind keine Großstädte» ergibt: «Einige Nicht-Großstädte sind Universitätsstädte».
Die reine Kontraposition ist nur für *a*- und *o*-Urteile allgemeingültig. Eine Kontraposition bei gleichzeitiger Subalternation nennt
man *unreine Kontraposition*. Für diese ergeben sich folgende Gesetze:

$$4.555 \quad \vdash SaP \rightarrow P'iS'$$
$$4.555' \quad \vdash S\underline{\text{ç}}P \rightarrow P'\overset{\circ}{\text{o}}S'$$
$$4.556 \quad \vdash SaP \rightarrow P'oS \qquad \text{(aus 4.555 nach 4.514)}$$
$$4.557 \quad \vdash SeP \rightarrow P'oS'$$
$$4.557' \quad \vdash S\underline{\text{ç}}P' \rightarrow P'\overset{\circ}{\text{o}}S$$
$$4.558 \quad \vdash SeP \rightarrow P'iS \qquad \text{(aus 4.557 nach 4.513)}$$

Unrein sind das *a*- und das *e*-Urteil kontraponibel. Beispiele:
(Zu 4.556) Wenn alle Schwerbeschädigten von der Kraftfahrzeug-
steuer befreit werden, so sind einige nicht von der Kraftfahrzeug-
steuer Befreite keine Schwerbeschädigten.
(Zu 4.558) Wenn kein Speisepilz ein Knollenpilz ist, so sind einige
Nicht-Knollenpilze Speisepilze.

Die Vertauschung von Subjekt und Prädikat heißt *Konversion*;
bleibt dabei die Quantität des Urteils unverändert, nennt man das
reine Konversion.

4.561 $\vdash SeP \leftrightarrow PeS$

4.561' $\vdash S\underline{c}P' \leftrightarrow P\underline{c}S'$

4.562 $\vdash SiP \leftrightarrow PiS$

4.562' $\vdash S\underline{\breve{c}}P \leftrightarrow P\underline{\breve{c}}S$

Nur das *e*- und *i*-Urteil sind rein konvertibel. Beispiele:
«Kein Paarhufer ist ein Raubtier» ergibt: «Kein Raubtier ist ein
Paarhufer»; «Kein kommunistisch regierter Staat führt freie Wahlen
durch» ergibt: «Kein Staat, der freie Wahlen durchführt, ist kommunistisch regiert»; «Einige Lokomotiven sind Dieselfahrzeuge»
ergibt: «Einige Dieselfahrzeuge sind Lokomotiven»; «Einige Lehrerinnen sind Autofahrer» ergibt: «Einige Autofahrer sind Lehrerinnen».

Wird mit der Konversion zugleich eine Subalternation vorgenommen, ergibt sich die *unreine Konversion*:

4.563 $\vdash SaP \rightarrow PiS$

4.563' $\vdash S\underline{c}P \rightarrow P\breve{c}S$

4.564 $\vdash SeP \rightarrow PoS$

4.564' $\vdash S\underline{c}P' \rightarrow P\breve{c}S'$

Die unreine Konversion ist für das *a*- und *e*-Urteil allgemeingültig.
Beispiele: Wenn alle deutschsprachigen Millionenstädte Univer-
sitätsstädte sind, so sind einige Universitätsstädte deutschsprachige
Millionenstädte.

Wenn alle skandinavischen Staaten Monarchien sind, so sind einige
Monarchien skandinavische Staaten.

Wenn kein Kirchturm höher als 200 Meter ist, so sind einige Gebäude, höher als 200 m, keine Kirchtürme.

Wenn kein Beamter mit Zuchthaus vorbestraft ist, so sind einige
mit Zuchthaus Bestrafte keine Beamten.

Werden Subjekt und Prädikat zugleich verneint, nennt man das
Inversion. Allgemeingültig ist nur die *unreine Inversion*, die durch
Inversion und gleichzeitige Subalternation entsteht. Auf Grund der

Äquipollenzgesetze 4.513–14 lassen sich die Inversionsgesetze 4.571 und 4.573 vereinfachen zu 4.572 bzw. 4.574.:

4.571 ⊢ SaP → $S'iP'$
4.571' ⊢ $S\c{c}P$ → $S'\c{\chi}P'$
4.572 ⊢ SaP → $S'oP$
4.573 ⊢ SeP → $S'oP'$
4.573' ⊢ $S\c{c}P'$ → $S'\c{\chi}P''$
4.574 ⊢ SeP → $S'iP$

Beispiele: Wenn alle Raucher krebsgefährdet sind, so sind einige Nicht-Raucher nicht krebsgefährdet. Wenn alle Rechtecke Parallelogramme sind, so sind einige Nicht-Rechtecke keine Parallelogramme. Wenn kein amerikanischer Staat eine Monarchie ist, so sind einige nicht-amerikanische Staaten Monarchien.

Wenn kein Edelgas brennbar ist, so sind einige Nicht-Edelgase brennbar.

Für die inversen Urteile führen wir folgende Bezeichnungen ein:

4.581 $S\ddot{a}P$ =df $S'aP'$
4.582 $S\ddot{e}P$ =df $S'eP'$
4.583 $S\ddot{\imath}P$ =df $S'iP'$
4.584 $S\ddot{o}P$ =df $S'oP'$

Aus inversen universellen Urteilen folgen durch Subalternation auch die nicht-inversen partikulären Urteile:

4.585 ⊢ $S\ddot{a}P$ → SiP
4.586 ⊢ $S\ddot{e}P$ → SoP

Beispiele: Wenn alle Nicht-Metalle keine guten elektrischen Leiter sind, so sind einige Metalle gute elektrische Leiter. Wenn alle Nicht-Wähler schlechte Demokraten sind, so sind einige Wähler keine schlechten Demokraten.

Ebenso folgen aus den gewöhnlichen universellen Urteilen durch Subalternation die inversen partikulären Urteile:

4.587 ⊢ SaP → $S\ddot{\imath}P$ (Vgl. 4.571)
4.588 ⊢ SeP → $S\ddot{o}P$ (Vgl. 4.573)

Zusammenfassend stellen wir fest:

4.611 Die Kontraposition gilt rein für a und o, unrein für a und e.
4.612 Die Konversion gilt rein für e und i, unrein für a und e.
4.613 Die Inversion gilt rein überhaupt nicht, unrein für a und e.
4.614 Unrein kann man die drei Operationen auf a und e also immer allgemeingültig anwenden.

Die folgende Tabelle faßt die Umkehrungsgesetze noch einmal zusammen. Es soll darin «r» andeuten «gilt rein», «u» «gilt unrein», «–» «kein Schluß allgemeingültig».

4.615	Konversion	Kontraposition	Inversion
a	u	r u	u
e	r u	u	u
i	r	–	–
o	–	r	–

4.62   Sämtliche logischen Gesetze der vier klassischen Urteilsarten gelten auch, wenn man alle Urteile durch ihre Inversen ersetzt. (*Dualitätsprinzip*)

Beispiele:

4.621 ⊦ *SäP / SëP*   (Vgl. 4.531)
4.622 ⊦ *SäP → SïP*   (Vgl. 4.541)
4.623 ⊦ *SëP → SöP*   (Vgl. 4.542)
4.624 ⊦ *SëP ↔ PëS*   (Vgl. 4.561)
       usf. usf.

4.7 Von den Syllogismen

Die Syllogistik bildet das Kernstück der klassischen Logik. Man versteht unter einem *Syllogismus* eine Folgerung aus zwei *Vordersätzen*, den sog. *Prämissen*, die jeweils eine Aussage über zwei Klassen darstellen, wobei eine Klasse in beiden Prämissen auftritt, auf einen *Schlußsatz*, in dem diese Klasse, der sog. *Mittelbegriff*, eliminiert ist. Je nach der Stellung des Mittelbegriffes in den beiden Vordersätzen unterscheidet man vier *Figuren* des Syllogismus:

4.701 1. Figur: $Mf_1P \wedge Sf_2M \rightarrow Sf_3P$

4.702 2. Figur: $Pf_1M \wedge Sf_2M \rightarrow Sf_3P$

4.703 3. Figur: $Mf_1P \wedge Mf_2S \rightarrow Sf_3P$

4.704 4. Figur: $Pf_1M \wedge Mf_2S \rightarrow Sf_3P$

Es hat sich eingebürgert, die Prämisse, die das Prädikat des Schlußsatzes enthält, *Obersatz* zu nennen und voran zu stellen; die Prämisse, die das Subjekt des Schlußsatzes enthält, wird *Untersatz* genannt und folgt an 2. Stelle. Das ist an sich inkonsequent, wenn man im Urteil selbst an der Folge Subjekt-Prädikat festhält, es entspricht auch nicht den ursprünglichen Intentionen von Aristoteles, wie Günther Patzig in seiner gründlichen Studie *Die aristotelische Syllogistik* bewiesen hat (vgl. *Patzig*₁).

Das Problem ist, welche der vier *Syllogismusfunktoren a, e, i, o* für f_1, f_2, f_3 in die Schemata für die vier Figuren eingesetzt, ein allgemeingültiges Gesetz ergeben. Aristoteles benutzte nur die ersten drei Figuren und setzte vier *Schlußweisen* (auch *Modi* genannt) der 1. Figur als in sich einsichtig voraus und leitete dann mittels der Umkehrungs- und Subalternationsgesetze die Modi der 2. und 3. Figur daraus her. Wir wissen heute (vgl. *Menne*₂), daß sich auf der Basis einiger Regeln des Aussagenkalküls, wenn aus dem *a*-Funktor als Grundbegriff die übrigen drei definiert werden, aus drei Axiomen sämtliche Syllogismen sowie alle vorangegangenen Gesetze der vier klassischen Urteilsarten herleiten lassen. Diese drei Axiome wiederum lassen sich im Klassenkalkül als Gesetze beweisen, womit die gesamte klassische Lehre vom Urteil und Schluß als ein spezieller Teil des Klassenkalküls erwiesen ist. (vgl. *Menne*₃)

4.71 *Die Schlüsse der 1. Figur:*

4.711 ⊢ *MaP* ∧ *SaM* → *SaP Barbara* (vgl. 4.4242)

Beispiele: Wenn alle Tiere die Fähigkeit sinnlicher Wahrnehmung besitzen und alle Regenwürmer Tiere sind, so besitzen auch alle Regenwürmer die Fähigkeit sinnlicher Wahrnehmung.

Wenn alle Nachtschattengewächse aus Amerika stammen und alle Tomaten Nachtschattengewächse sind, so stammen die Tomaten aus Amerika.

Wenn alle Dreiecke Rechtecke sind und alle Quadrate Dreiecke sind, so sind alle Quadrate Rechtecke.

Wenn alle geistigen Substanzen unsterblich sind und alle Seelen geistige Substanzen sind, so sind alle Seelen unsterblich.

Wenn alle Rechtecke Parallelogramme sind und alle Quadrate Rechtecke sind, so sind alle Quadrate Parallelogramme.

Beispiele dieser letzten Art werden nun sehr häufig angeführt, um zu zeigen, daß die ganze Syllogistik nutzlos sei, da sie ja nichts Neues ergäbe: man wisse ohnehin schon, daß die Quadrate Parallelogramme seien. Das stimmt in diesem Fall durchaus. Und das stimmt bei dem Modus *Barbara* meistens, denn er beruht auf der *Transitivität* des Funktors *alle sind*, die so evident ist, daß Schlüsse der Form *Barbara* auch ohne Kenntnis der Logik meist leicht als richtig durchschaubar sind. Aber bei anderen Modi und vor allem dann, wenn man die genaue Bedeutung der auftretenden Begriffe mit all ihren Eigenschaften nicht kennt, läßt sich aus zwei Prämissen keineswegs immer auf Anhieb der richtige Schlußsatz nennen. Das 3. Beispiel erhellt, daß aus falschen Prämissen sich ein wahrer Schlußsatz ergeben kann. Auf die Wahrheit des Schlußsatzes können wir in einem richtigen Syllogismus nur sicher schließen, wenn beide Prämissen wahr sind. Das vorletzte Beispiel schließlich birgt einigen metaphysischen Zündstoff in sich. Da wird man, je nach dem philosophischen Standort, triumphierend sagen: «Die Unsterblichkeit der Seele läßt sich also streng logisch beweisen!» oder vorwurfsvoll einwerfen: «Da sieht man, daß etwas faul ist mit der Logik, wenn man solche Sätze, die doch sehr problematisch sind, beweisen kann, zumal es ja gar nicht feststeht, daß es so etwas wie Seele überhaupt gibt.» Dazu ist zu sagen, daß jeder Syllogismus eine *Implikation* darstellt. Der Syllogismus als ganzer ist auf Grund seiner bloßen Form wahr, doch der Schlußsatz für sich ist nur wahr, wenn auch beide Prämissen wahr sind. Ob das aber in unserem Beispiel zutrifft, kann die Logik selbst gar nicht entscheiden – das wäre eine Angelegenheit der philosophischen Anthropologie oder der Ontologie. Hat man aber einmal auf Grund bestimmter philosophischer Einsichten oder Annahmen die beiden Prämissen als wahr akzeptiert, dann allerdings kann die Logik zeigen, daß sich als Konsequenz auch die Anerkennung der Unsterblichkeit der Seele ergibt. Die Logik ist also ein Mittel, um philosophische Aussagen auf ihre eventuellen Konsequenzen hin zu untersuchen. Sie könnte unter Umständen sogar einmal zeigen, daß bestimmte philosophische Annahmen zu widersprüchlichen Konsequenzen führen. Daß das für ein System nicht der Fall ist, garantiert allerdings noch nicht seine Wahrheit: Die Widerspruchsfreiheit eines philosophischen Systems oder einer wissenschaftlichen Theorie besagt nur, daß beide möglicherweise wahr sind. Daß ein System jedoch widerspruchsvoll ist, zeigt, daß es unmöglich wahr sein kann, denn in einem widerspruchsvollen System kann man jede Aussage genau so gut beweisen wie widerlegen, d.h. ein solches System ist wertlos, weil ja von keiner seiner Aussagen feststeht, ob sie nun wahr oder falsch ist. Damit ist natürlich nicht ausgeschlossen, daß solche widerspruchsvollen Systeme literarische oder poetische Kunstwerke sein können oder gar viele tiefsinnige Gedanken enthalten. Die oft gehörte Behauptung, die Wirklichkeit selbst sei widerspruchsvoll, wird durch die Häufigkeit ihrer Behauptung nicht besser: Diese Behauptung beruht einfach auf der Verwechslung von *konträren, subkonträren* oder *polaren Gegensätzen* mit dem *kontradiktorischen Widerspruch*, wobei gleichzeitig meist noch die *Wirklichkeit* mit den *Aussagen über die Wirklichkeit* konfundiert wird. Doch zurück zur Syllogistik:

4.712 $\vdash MeP \wedge SaM \rightarrow SeP$ *Celarent*

In der Schreibweise des definiten Klassenkalküls wird gleich die Verwandtschaft zum Modus *Barbara* sichtbar:

4.712' $\vdash M\underline{c}P' \wedge S\underline{c}M \rightarrow S\underline{c}P'$

Der Modus *Barbara* lautet im definiten Klassenkalkül:

4.711' $\vdash M\underline{c}P \wedge S\underline{c}M \rightarrow S\underline{c}P$

Wird in dem Modus *Barbara* P durch P' substituiert, so ergibt sich *Celarent*. Beispiele für diesen Modus: Wenn kein strenggläubiger Mohammedaner Alkohol trinkt, und alle Derwische strenggläubige Mohammedaner sind, so trinkt kein Derwisch Alkohol.

Wenn kein rechtwinkliges Dreieck gleichseitig ist und durch diagonale Teilung eines Quadrates ein rechtwinkliges Dreieck entsteht, so kann durch diagonale Teilung eines Quadrates keine gleichseitige Figur entstehen.

4.713 $\vdash MaP \wedge SiM \rightarrow SiP$ *Darii*

4.713' $\vdash M\underline{c}P \wedge S\overset{\vee}{\underline{c}}M \rightarrow S\overset{\vee}{\underline{c}}P$

Dieser Schluß läßt sich nicht so ohne weiteres aus *Barbara* erhalten.

Dazu benötigen wir einen Hilfssatz aus dem Aussagenkalkül:

4.7131 $\vdash p \land q \to r \leftrightarrow p \land \bar{r} \to \bar{q}$

Ersetzen wir nun darin p/MaP, q/SaM und r/SaP, so erhalten wir

4.7132 $\vdash MaP \land SaM \to SaP \leftrightarrow MaP \land \overline{SaP} \to \overline{SaM}$

Die linke Seite dieser Äquivalenz aber ist der Modus *Barbara* 4.711 und damit wahr; also ist auch die rechte Seite für sich allein wahr.

4.7133 $\vdash MaP \land \overline{SaP} \to \overline{SaM}$

Die erste Prämisse darin ersetzen wir nun durch ihr Kontraponat, das ja beim universell-positiven Urteil äquivalent bleibt (4.551), bei der 2. Prämisse und dem Schlußsatz benutzen wir die kontradiktorische Äquipollenz. (4.521) So erhalten wir:

4.7134 $\vdash P'aM' \land SoP \to SoM$

Nun substituieren wir P'/M und M/P' und erhalten:

4.7135 $\vdash MaP'' \land SoM' \to SoP'$

Bei der 1. Prämisse berücksichtigen wir das Gesetz der doppelten Komplementation (4.421), bei der 2. Prämisse und dem Schlußsatz die Äquipollenz des partikulären Urteils. (4.513) So erhalten wir schließlich:

4.713 $\vdash MaP \land SiM \to SiP$ *Darii*

Darii läßt sich also mit Hilfe eines Theorems des Aussagenkalküls aus *Barbara* ableiten. – Beispiele für *Darii*: Wenn alle Mongolen Schlitzaugen haben und einige Menschen Mongolen sind, haben einige Menschen Schlitzaugen.

Wenn alle Parlamentarier Immunität genießen und einige Minister Parlamentarier sind, genießen einige Minister Immunität.

4.714 $\vdash MeP \land SiM \to SoP$ *Ferio*

Die Schreibweise im definiten Klassenkalkül zeigt, daß sich dieser Schluß durch die Substitution von P/P' aus Darii erhalten läßt.

4.714′ $\vdash M\c{c}P' \land S\c{i}M \to S\c{o}P'$

Beispiele: Wenn keine Quadratzahl eine Primzahl ist und einige gerade Zahlen Quadratzahlen sind, so sind einige gerade Zahlen keine Primzahlen. (Hier ergibt sich folgerichtig, daß keineswegs alle geraden Zahlen keine Primzahlen sind: die Zahl 2 ist bekanntlich eine gerade Primzahl.)

Wenn kein Zuckerkranker Speiseeis essen soll und einige Kinder zuckerkrank sind, so sollen einige Kinder kein Speiseeis essen.

Neben diesen vier allgemein gebräuchlichen Modi der 1. Figur lassen sich aus den beiden mit universellem Schlußsatz 4.711–12 durch die Subalternationsgesetze 4.563–64 auf Grund der Transitivität der Implikation 2.87 noch zwei weitere Modi gewinnen:

4.715 ⊢ MaP ∧ SaM → SiP   Barbari
4.716 ⊢ MeP ∧ SaM → SoP   Celaront

Da ein universelles Urteil mehr behauptet als das entsprechende partikuläre, nennt man es auch *stärker*. Wenn man da, wo ein stärkerer Schlußsatz möglich wäre, nur einen schwächeren setzt, spricht man deshalb von *Abschwächung des Syllogismus*. Die beiden vorangehenden sind also solche *abgeschwächten Syllogismen*. Bei Berücksichtigung der unreinen Inversionen 4.587–88 aus den Schlußsätzen von 4.711–12 ergeben sich noch:

4.7151 ⊢ MaP ∧ SaM → SiP   Barbarij
4.7161 ⊢ MeP ∧ SaM → SöP   Celarönt

Es gilt, daß der Schlußsatz nicht stärker sein kann als die Prämissen, d.h. der Schlußsatz kann nur universell sein, wenn beide Prämissen universell sind. Sind beide Prämissen partikulär, läßt sich nichts allgemeingültig schließen. *Conclusio sequitur peiorem partem.* Oft hat man auch gesagt, ein negatives Urteil sei schwächer als ein positives, und dann analog behauptet, daß sich aus zwei negativen Prämissen nichts schließen ließe. Das stimmt nicht. Es gilt nur: Sind beide Prämissen negativ, so ergibt sich keine der vier üblichen Urteilsarten als Schlußsatz. Nimmt man hingegen inverse Urteile mit hinzu, so ergibt sich *aus zwei universellen Prämissen stets ein Schlußsatz*. So lassen sich in der 1. Figur noch vier weitere Modi erhalten. Außerdem erhöht sich bei Berücksichtigung von inversen Schlußsätzen die Anzahl der abgeschwächten Syllogismen.

4.717 ⊢ MaP ∧ SeM → SöP
4.717′ ⊢ M͟çP ∧ S͟çM′ → S′ͼP′

Für diesen Schluß habe ich in *Menne₂* den Namen *Garderönt* vorgeschlagen. – Beispiele: Wenn alle Serben Slawen sind und kein Spanier Serbe ist, so sind einige Nicht-Spanier Slawen.
Wenn alle Lutheraner Protestanten sind und kein Katholik Lutheraner ist, so sind einige Nicht-Katholiken Protestanten.
Zum Beweis für *Garderönt* gehen wir aus von dem bereits bewiesenen abgeschwächten Modus *Celaront*:

4.716 ⊢ MeP ∧ SaM → SoP

Wir machen nun wiederum von dem Gesetz des Aussagenkalküls Gebrauch:

4.7171 ⊢ p ∧ q → r ↔ r̄ ∧ q → p̄

und setzen ein p/MeP, q/SaM, r/SoP und erhalten:

4.7172 ⊢ MeP ∧ SaM → SoP ↔ $\overline{SoP}$ ∧ SaM → $\overline{MeP}$

Die linke Hälfte dieser Äquivalenz ist isomorph mit dem bereits bewiesenen 4.716; also ist auch die rechte Hälfte allein wahr:

4.7173 $\vdash \overline{SoP} \land SaM \to \overline{MeP}$

Setzen wir in der 1. Prämisse und im Schlußsatz die Äquipollenz 4.523 bzw. 4.524 ein, ergibt sich:

4.7174 $\vdash SaP \land SaM \to MiP$

Wir kontraponieren nun die 2. Prämisse gemäß 4.551:

4.7175 $\vdash SaP \land M'aS' \to MiP$

Auf die 2. Prämisse und den Schlußsatz wenden wir die Äquipollenzgesetze 4.512 bzw. 4.513 an:

4.7176 $\vdash SaP \land M'eS \to MoP'$

Jetzt setzen wir ein S/M und M'/S und erhalten so:

4.7177 $\vdash MaP \land SeM \to S'oP'$

Daraus ergibt sich durch Anwendung der Definition für die Inverse 4.584 auf den Schlußsatz endlich *Garderönt*:

4.717 $\vdash MaP \land SeM \to SöP$

Es sei darauf hingewiesen, daß wir diesen Schluß aus dem abgeschwächten Modus *Celaront* erhalten haben. Er stellt also selbst auch einen abgeschwächten Modus dar: das heißt, er ist nur gültig unter der Voraussetzung des Subalternationsgesetzes.

Daß aus zwei negativen Prämissen sehr wohl etwas geschlossen werden kann, zeigt der folgende Modus:

4.718 $\vdash MeP \land SeM \to SiP$

4.718' $\vdash M\varsigma P' \land S\varsigma M' \to S'\overset{\varsigma}{\underset{2}{}}P'$

Als Name für diesen Schluß diene *Helenij*, wobei das «*ij*» das inverse partikulär-positive Urteil SiP andeuten soll. Beispiele für diesen Schluß mit zwei negativen Prämissen:

Wenn keiner, der der Abschaffung des Lateinunterrichtes zustimmt, sich des antiken Anteils unserer modernen Kultur bewußt ist, und kein Humanist der Abschaffung des Lateinunterrichtes zustimmt, so sind sich einige Nicht-Humanisten des antiken Anteils unserer modernen Kultur nicht bewußt.

Wenn kein Säugling an Lungenkrebs stirbt und kein Raucher ein Säugling ist, so sterben einige Nicht-Raucher nicht an Lungenkrebs.

Zum Beweis für *Helenij* gehen wir aus von dem bereits bewiesenen *Garderönt*:

4.717 $\vdash MaP \land SeM \to SöP$

und substituieren darin P/P'

4.7181 $\vdash MaP' \land SeM \to SöP'$

97

Auf die 1. Prämisse hierin wenden wir die Äquipollenz 4.512 und auf den Schlußsatz 4.513 an:

4.718 ⊢ $MeP \wedge SeM \to SiP$ *Helenij*

Da *Garderönt* zu den abgeschwächten Modi gehört, gehört auch *Helenij* dazu.

4.719 ⊢ $MiP \wedge SeM \to SöP$ *Liberö*

4.719′ ⊢ $M\underset{2}{\breve{\vee}}P \wedge S\underline{c}M' \to S'\underset{2}{\breve{\vee}}P$

Beispiele: Wenn einige Führerscheinbesitzer durch Rücksichtslosigkeit andere gefährden und kein Blinder Führerscheinbesitzer ist, so gefährden einige Nicht-Blinde andere durch Rücksichtslosigkeit.

Wenn einige Mohammedaner Perser sind und kein Christ Mohammedaner ist, so sind einige Nicht-Christen Perser.

Um *Liberö* zu beweisen, gehen wir aus von *Ferio*:

4.714 ⊢ $MeP \wedge SiM \to SoP$

Wir konvertieren beide Prämissen nach 4.561–62, vertauschen sie (2.61) und kontraponieren den Schlußsatz nach 4.553:

4.7191 ⊢ $MiS \wedge PeM \to P'oS'$

Jetzt substituieren wir S/P und P/S; dann ergibt sich:

4.7192 ⊢ $MiP \wedge SeM \to S'oP'$

Durch Anwendung der Definition der Inverse 4.584 auf den Schlußsatz erhalten wir so *Liberö*:

4.719 ⊢ $MiP \wedge SeM \to SöP$

Es sei darauf hingewiesen, daß hier kein abgeschwächter Ausgangsmodus und keine Subalternation oder unreine Operation benutzt wurde, daß dieser Schluß mithin von derselben Stärke ist, wie die vier klassischen aristotelischen Modi.

4.7193 ⊢ $MoP \wedge SeM \to SiP$ *Noverij*

4.7193′ ⊢ $M\underset{2}{\breve{\vee}}P' \wedge S\underline{c}M' \to S'\underset{2}{\breve{\vee}}P'$

Auch dieser Schluß ist dadurch bemerkenswert, daß er zwei negative Prämissen enthält. – Beispiele: Wenn einige schlechte Wärmeleiter keine guten elektrischen Leiter sind und kein Metall ein schlechter Wärmeleiter ist, so sind einige Nicht-Metalle keine guten elektrischen Leiter.

Wenn einige Wasserscheue keine guten Sportler sind und kein Schwimmer wasserscheu ist, so sind einige Nicht-Schwimmer keine guten Sportler.

Um *Noverij* zu beweisen, gehen wir aus von dem bereits bewiesenen *Liberö*:

4.719 ⊢ $MiP \wedge SeM \to SöP$

und setzen ein P/P'; so ergibt sich:

4.7194 $\vdash MiP' \wedge SeM \to S\ddot{o}P'$

Werden in der 1. Prämisse und im Schlußsatz die Äquipollenzen 4.514 bzw. 4.513 berücksichtigt, so ergibt sich *Noverij*:

4.7193 $\vdash MoP \wedge SeM \to SiP$

Auch bei diesem Schluß liegt keinerlei Abschwächung vor.

4.7195 Zusammenfassend können wir also feststellen, daß sich in der 1. Figur bei Berücksichtigung der vier klassischen Urteilsarten in den Prämissen und Zulassung inverser Urteile im Schlußsatz ohne Benutzung der Subalternationsgesetze insgesamt 6 Modi ergeben, von denen die vier ersten bereits Aristoteles bekannt waren: *Barbara, Celarent, Darii, Ferio*; *Liberö, Noverij*.

4.7196 Bei Benutzung der Subalternation ergeben sich zusätzlich 6 weitere, sog. *abgeschwächte Modi*: *Barbari, Barbarij, Celaront, Celarönt, Garderönt, Helenij*.

4.7197 Kein Schluß ist möglich bei den Prämissenfolgen:

$$a - o$$
$$e - o$$
$$i - a$$
$$o - a$$

Das kann man in den Merkvers fassen: *Davon jedoch niemals folgt was.*

4.7198 Nach dem *Dualitätsprinzip* bleiben alle Modi gültig, wenn für sämtliche Urteile ihre Inversen genommen werden (wobei doppelte Inversion sich aufhebt). So ergeben sich dann z.B. Schlüsse wie *Bärbärä, Cëlärënt* usf. oder auch *Hëlëni, Növëri* usf. Auch die vier angegebenen nicht-schlüssigen Prämissenfolgen behalten diese Eigenschaft bei Inversion:

$$\ddot{a} - \ddot{o}$$
$$\ddot{e} - \ddot{o}$$
$$\ddot{\imath} - \ddot{a}$$
$$\ddot{o} - \ddot{a}$$

Aus diesen vier Prämissenkombinationen ergibt sich kein gültiger Syllogismus.

4.7199 Werden inverse Urteile voll mitberücksichtigt, d.h. auch als Prämissen, so ergeben sich insgesamt 48 Modi gültiger Syllogismen in der 1. Figur, d.h. außer den 12 namentlich bereits genannten und den 12 dazu dualen noch 24 weitere mit Prämissen, von denen genau eine invers und eine nicht invers ist.

Ich will mich damit begnügen, diese 24 Modi lediglich anzugeben.

Die Beweise dafür laufen ähnlich wie bei den bereits ausführlich dargestellten Modi, und Beispiele lassen sich auch leicht entsprechend bilden.

	1. Prämisse	2. Prämisse	Schlußsatz
4.719901	⊢ $M a P ∧ S ä M →$		$S i P$
2	a	$ë$	$ë$
3	a	$ö$	$ö$
4	$ä$	a	i
5	$ä$	e	e
6	$ä$	o	o
7	e	$ä$	o
8	e	$ë$	$ä$
9	e	$ö$	$ī$
10	$ë$	a	$ö$
11	$ë$	e	a
12	$ë$	o	i
13	i	$ä$	i
14	$ī$	a	$ī$
15	o	$ä$	o
16	$ö$	a	$ö$

Davon beruhen 4 auf der Subalternation, sind also abgeschwächte Modi. Zu den 4 Modi mit universellem Schlußsatz lassen sich noch zusätzlich jeweils 2 abgeschwächte Modi bilden:

	$M a P ∧ S ë M → S ö P$		
4.719917			
18	a	$ë$	o
19	$ä$	e	o
20	$ä$	e	$ö$
21	e	$ë$	$ī$
22	e	$ë$	i
23	$ë$	e	i
24	$ë$	e	$ī$

So erhalten wir also insgesamt 48 Modi der 1. Figur, von denen genau die Hälfte vom Subalternationsgesetz abhängig ist. Es genügt jedoch, sich die folgenden 8 mit Kennworten versehenen zu merken: *Barbara, Celarent, Darii, Ferio, Garderönt, Helenij, Liberö, Noverij.* Die übrigen 40 bringen nichts wesentlich Neues und lassen sich aus den 8 durch Subalternation, Konversion, Kontraposition, Inversion und nach dem Dualitätsprinzip herleiten.

Das gilt übrigens auch für die Modi der anderen drei Figuren. Ich will mich bei diesen deshalb auf die wichtigsten Modi beschränken.

Die Kennworte der syllogistischen Modi enthalten dabei einige Buchstaben, die angeben, wie der Modus auf die 1. Figur zurückgeführt wird.

Der 1. Buchstabe (*B, C, D, F*) weist auf den Modus der 1. Figur mit gleichem Anfangsbuchstaben hin, von dem der Modus ableitbar ist.

Der 1. Vokal steht für die Urteilsart der 1. Prämisse, der 2. Vokal für die 2. Prämisse, der 3. Vokal für den Schlußsatz.

«*m*» steht für «*mutatio*» und bedeutet *Prämissenvertauschung*, d.h. die 1. Prämisse wird zur 2. und umgekehrt.

«*s*» steht für «conversio *simplex*», d.h. einfache oder *reine Konversion* und bedeutet, die durch den vorangehenden Vokal angedeutete Prämisse ist rein zu konvertieren.

«*p*» steht für «conversio *per* accidens», d.h. *unreine Konversion* und bedeutet, die durch den vorangehenden Vokal angedeutete Prämisse ist unrein zu konvertieren, d.h. Konversion und Subalternation sind zugleich anzuwenden. Alle Modi, die ein «*p*» in ihrem Namen enthalten, sind abgeschwächte Modi.

«*c*» steht für «*c*ontrapositio». Diese Modi lassen sich nur nach einem etwas umständlichen Verfahren, bei dem von der *Kontraposition der Implikation* Gebrauch gemacht wird, auf die 1. Figur zurückführen, ähnlich wie wir *Darii* aus *Barbara* herleiteten.

Die *2. syllogistische Figur* erhält man aus der 1. durch Konversion der 1. Prämisse:

4.7201 *1. Figur*: M–P *2. Figur*: P–M

                    S–M S–M

                    S–P S–P

Das Problem lautet also, welche Urteilsarten für die f_1, f_2, f_3 im folgenden Schema eingesetzt, ergeben allgemeingültige Sätze:

4.7202 $Pf_1M \wedge Sf_2M \rightarrow Sf_3P$

Aristoteles kennt bereits 4 Modi:

4.721 $\vdash PeM \wedge SaM \rightarrow SeP$ *Cesare*

Beispiel: Wenn keine Pflanze mit ätherischen Ölen ein Holzgewächs der kalten Zone ist und alle Myrtaceen Pflanzen mit ätherischen Ölen sind, so ist keine Myrtacee ein Holzgewächs der kalten Zone.

In *Cesare* bedeutet das «*C*» am Anfang, daß dieser Modus sich von *Celarent* in der 1. Figur ableiten läßt, das «*s*» nach der 1. Silbe besagt, daß das durch reine Konversion der 1. Prämisse möglich ist. *Celarent* lautete:

4.712 $\vdash MeP \wedge SaM \rightarrow SeP$

Die Konversion der 1. Prämisse *MeP* ergibt *PeM*, so erhalten wir also:

4.721 $\vdash PeM \land SaM \to SeP$ *Cesare*

4.722 $\vdash PaM \land SeM \to Sep$ *Camestres*

Beispiel: Wenn alle Fixsterne selbstleuchtend sind und kein Planet selbstleuchtend ist, so ist kein Planet ein Fixstern. Der 1. Buchstabe im Kennwort *Camestres* zeigt an, daß sich der Modus wiederum aus *Celarent* erhalten läßt:

4.712 $\vdash MeP \land SaM \to SeP$ *Celarent*

Das «*m*» schreibt Prämissentausch vor:

4.7221 $\vdash SaM \land MeP \to SeP$

Das erste «*s*» verlangt nun die reine Konversion der 2. Prämisse (vgl. 4.561), das «*s*» am Schluß gebietet die reine Konversion des Schlußsatzes:

4.7222 $\vdash SaM \land PeM \to PeS$

Nunmehr braucht man nur noch durch Umbenennung die übliche Bezeichnungsweise herzustellen, d.h. man ersetzt S/P und P/S und erhält so:

4.722 $\vdash PaM \land SeM \to SeP$ *Camestres*

Der nächste Modus:

4.723 $\vdash PeM \land SiM \to SoP$ *Festino*

ergibt sich ohne weiteres aus *Ferio* 4.714 durch Konversion 4.561 der 1. Prämisse. – Beispiel: Wenn kein gefiedertes Tier ein Säugetier ist und einige Flugtiere Säugetiere sind, so sind einige Flugtiere nicht gefiedert.

4.724 $\vdash PaM \land SoM \to SoP$ *Baroco*

Zum Beweis gehen wir von *Barbara* aus:

4.711 $\vdash MaP \land SaM \to SaP$

Aus dem Aussagenkalkül benützen wir:

4.7241 $\vdash p \land q \to r \leftrightarrow p \land \bar{r} \to \bar{q}$

Wir setzen ein p/MaP, q/SaM, r/SaP

4.7242 $\vdash MaP \land SaM \to SaP \leftrightarrow MaP \land \overline{SaP} \to \overline{SaM}$

Da die linke Seite der Äquivalenz wahr ist, weil isomorph mit *Barbara*, ist auch die rechte Seite wahr:

4.7243 $\vdash MaP \land \overline{SaP} \to \overline{SaM}$

Die kontradiktorische Äquipollenz 4.521 für die 2. Prämisse und den Schlußsatz ergibt:

4.7244 $\vdash MaP \land SoP \to SoM$

Setzt man ein M/P, P/M, so ergibt sich *Baroco*:

4.724 $\vdash PaM \land SoM \to SoP$

Beispiel für *Baroco*: Wenn alle gleichseitigen Vierecke rechtwinklig sich schneidende Diagonalen haben und einige Parallelogramme

102

keine rechtwinklig sich schneidenden Diagonalen haben, so sind einige Parallelogramme keine gleichseitigen Vierecke.

Zu diesen 4 traditionellen Modi, die schon Aristoteles bekannt waren, lassen sich noch die 4 abgeschwächten Modi bilden:

4.7251 $\vdash PeM \wedge SaM \to SoP$ Cesaro

4.7252 $\vdash PeM \wedge SaM \to SöP$ Cesarö

4.7253 $\vdash PaM \wedge SeM \to SoP$ Camestrop

4.7254 $\vdash PaM \wedge SeM \to SöP$ Cameströp

Ferner ergeben sich aus den nicht-aristotelischen Modi der 1. Figur:

4.726 $\vdash PeM \wedge SeM \to SiP$ Heselij

4.727 $\vdash PiM \wedge SeM \to SöP$ Listerö

4.728 $\vdash PaM \wedge SaM \to SiP$ Gasanijn

4.729 $\vdash PoM \wedge SaM \to SöP$ Mosalön

So erhalten wir auch insgesamt 12 Modi der 2. Figur, darunter 6 abgeschwächte. Dazu lassen sich als Duale weitere 12 durch gleichzeitige Inversion beider Prämissen und des Schlußsatzes bilden. Aus gemischten, nur teilweise inversen Prämissen lassen sich wiederum weitere 24 Modi erhalten. So liefert auch die 2. genau wie die erste Figur insgesamt 48 Modi.

Die *3. Figur* ergibt sich durch Konversion der 2. Prämisse aus der 1. Figur und hat das Schema:

4.7301 $Mf_1P \wedge Mf_2S \to Sf_3P$

Auf Beispiele und Rückführungen auf die 1. Figur wollen wir bei der 3. und 4. Figur verzichten; der Leser möge (zur Übung) das einmal selbst versuchen. Die traditionellen Modi der 3. Figur lauten:

4.731 $\vdash MaP \wedge MaS \to SiP$ Darapti

4.732 $\vdash MiP \wedge MaS \to SiP$ Disamis

4.733 $\vdash MaP \wedge MiS \to SiP$ Datisi

4.734 $\vdash MeP \wedge MaS \to SoP$ Felapton

4.735 $\vdash MoP \wedge MaS \to SoP$ Bocardo

4.736 $\vdash MeP \wedge MiS \to SoP$ Ferison

Neben diesen bereits bei Aristoteles erwähnten gelten noch:

4.7371 $\vdash MaP \wedge MeS \to SöP$ Galestö

4.7372 $\vdash MeP \wedge MeS \to SiP$ Helestij

4.7373 $\vdash MiP \wedge MeS \to SöP$ Liresö

4.7374 $\vdash MoP \wedge MeS \to SiP$ Novestij

4.7375 $\vdash MaP \wedge MoS \to SöP$ Dalosnö

4.7376 $\vdash MeP \wedge MoS \to SiP$ Denosij

Von diesen 12 sind 4.731, 4.734, 4.7371 und 4.7372 abgeschwächte Modi; sie bedürfen zu ihrer Herleitung der Subalternation.

Zu diesen 12 Modi ergeben sich durch das Dualitätsprinzip weitere
12. Schließlich lassen sich noch weitere 24 aufweisen mit genau
einer inversen Prämisse. Es ergeben sich also auch in der 3. Figur
insgesamt 48 gültige Syllogismen.

Die *4. Figur* ergibt sich aus der 1. durch die Konversion beider
Prämissen:

4.7401 $Pf_1M \wedge Mf_2S \rightarrow Sf_3P$

Aristoteles benutzte diese Figur noch nicht. In der traditionellen
Logik kennt man die folgenden 5 Modi:

4.741	$\vdash PaM \wedge MaS \rightarrow SiP$	*Bamalip*
4.742	$\vdash PaM \wedge MeS \rightarrow SeP$	*Camenes*
4.743	$\vdash PiM \wedge MaS \rightarrow SiP$	*Dimatis*
4.744	$\vdash PeM \wedge MaS \rightarrow SoP$	*Fesapo*
4.745	$\vdash PeM \wedge MiS \rightarrow SoP$	*Fresison*

Dazu als Abschwächungen:

4.7461	$\vdash PaM \wedge MeS \rightarrow SoP$	*Camenop*
4.7462	$\vdash PaM \wedge MeS \rightarrow S\ddot{o}P$	*Camenöp*

Bamalip ist selbst eine Abschwächung von:

4.7471	$\vdash PaM \wedge MaS \rightarrow S\ddot{a}P$	*Bamaläs*

Dazu als weitere Abschwächung:

4.7472	$\vdash PaM \wedge MaS \rightarrow S\bar{\imath}P$	*Bamalijp*

Ferner gelten:

4.7481	$\vdash PeM \wedge MeS \rightarrow S\bar{\imath}P$	*Hesesij*
4.7482	$\vdash PiM \wedge MeS \rightarrow S\ddot{o}P$	*Listesö*
4.749	$\vdash PeM \wedge MoS \rightarrow S\bar{\imath}P$	*Destosnija*

Auch die 4. Figur ergibt also 12 Modi, darunter 6 abgeschwächte.
Dazu lassen sich wiederum 12 Duale bilden und 24 mit genau einer
inversen Prämisse, insgesamt also 48, von denen die Hälfte abgeschwächt ist.

In allen 4 Figuren zusammen ergäben sich also insgesamt 4 · 48
= 192 gültige Modi von Syllogismen. Nun wird man mit Recht
fragen, ob es zumutbar ist, 192 Regeln lernen zu müssen, um die
doch verhältnismäßig einfache Schlußform des Syllogismus beherr-
schen zu lernen. In der traditionellen Logik genügte es, einen Merkvers mit den Namen der damals bekannten 19 Modi zu kennen. Und
mittels der beiden Subalternationsgesetze konnte man dann noch aus
den 5 Modi mit universellem Schlußsatz 5 abgeschwächte Modi gewinnen. Entsprach ein vorgelegter Schluß keinem dieser 24 Modi, dann
wurde er als nicht allgemein gültig verworfen. Wir haben durch die
Berücksichtigung der inversen Urteile und der zusätzlichen Ge-

setze, die sie herzuleiten gestatten, nun 8 mal soviel gültige Modi erhalten, brauchen uns aber nur 4 Modi und 4 Regeln zu merken, um alle 192 Syllogismen herleiten zu können bzw. einen vorgelegten Syllogismus auf seine Allgemeingültigkeit hin beurteilen oder zu 2 angegebenen Prämissen den Schlußsatz angeben zu können. Unsere *4 Regeln* lauten:

4.751 Durch Konversion von Prämissen mit Urteilen der Art *e, ë, i, ï* und durch Kontraposition bei *a, ä, o, ö* lassen sich alle Syllogismen auf das Schema der 1. Figur bringen.

4.752 Ein Syllogismus der 1. Figur bleibt gültig, wenn das Prädikat des Obersatzes und das Prädikat des Schlußsatzes oder das Subjekt des Untersatzes und das Subjekt des Schlußsatzes jeweils zugleich verneint werden oder auch beide Operationen durchgeführt werden.

4.753 Jeder Syllogismus bleibt gültig, wenn beide Prämissen und der Schlußsatz zugleich durch ihre Inversen ersetzt werden. (*Dualitäts-* oder *Inversionsregel*)

4.754 Im Schlußsatz darf sowohl für *e* wie *ë* eingesetzt werden sowohl *o* wie *ö*, und sowohl von *a* wie *ä* darf man zu sowohl *i* wie *ï* übergehen. (*Abschwächungsregel*)

Als fünftes ist zu merken:

4.755 Allgemeingültig sind folgende 4 Syllogismen der 1. Figur:

4.7551 *Barbara*

4.7552 *Garderönt*

4.7553 *Darii*

4.7554 *Mijladï*

Die Anwendung dieser 5 Regeln sei an einigen Beispielen erläutert:

1) Es sei zu überprüfen, ob folgender Syllogismus auf einem allgemeingültigen Modus beruht: «Wenn alle, die keine gesunde Lebensweise führen, eine unterdurchschnittliche Lebenserwartung haben, und alle, die eine gesunde Lebensweise führen, keine starken Raucher sind, so haben alle starken Raucher eine unterdurchschnittliche Lebenserwartung.»

1. Schritt: Diese Aussagenverbindung ist zu symbolisieren. Wir gehen dabei vom Schlußsatz aus, dem wir «*S*» und «*P*» am leichtesten entnehmen können als «starke Raucher» bzw. «eine unterdurchschnittliche Lebenserwartung haben»; dann ergibt sich als Mittelbegriff «eine gesunde Lebensweise führen».

Die 1. Prämisse ist universell, doch das Subjekt ist verneint: das entspricht dem *ë*-Urteil; die 2. Prämisse ist universell, doch das

Prädikat ist verneint: das entspricht dem *e*-Urteil; der Schlußsatz ist universell-positiv, also ein *a*-Urteil:

4.7561 $M\ddot{e}P \wedge MeS \rightarrow SaP$

Nach den Regeln der *traditionellen Logik* müßte dieser Schluß falsch sein, da hier aus zwei negativen Prämissen geschlossen werden soll und dazu sogar noch ein positiver Schlußsatz sich ergeben soll!

2. Schritt: Durch Konversion bzw. Kontraposition sind die Prämissen so umzuformen, daß sich das Schema der 1. Figur ergibt. (Regel 4.751) Die 1. Prämisse braucht nicht umgeformt zu werden, da sie als Prädikat das Prädikat des Schlußsatzes hat, wie in der 1. Figur erforderlich. In der 2. Prämisse dagegen steht das Subjekt des Schlußsatzes nicht als Subjekt, sondern als Prädikat. Da es sich um ein *e*-Urteil handelt, läßt sich das gemäß Regel 4.751 durch Konversion beheben:

4.7562 $M\ddot{e}P \wedge SeM \rightarrow SaP$

3. Schritt: Wir stellen fest, daß hier aus zwei universellen Prämissen sich ein universeller Schlußsatz ergeben soll; sofern unser Schluß gültig ist, muß er sich also aus dem Schluß *Barbara* ergeben. Wir schreiben nun unter den Modus *Barbara* unseren Schluß in der Form, daß die Prämissen durch zu 4.7562 äquipollente *a*-Urteile ausgedrückt werden.

4.7563 $\vdash MaP \wedge SaM \rightarrow SaP$ *Barbara*

4.7564 $M'aP \wedge SaM' \rightarrow SaP$

4. Schritt: Durch einfachen Vergleich stellen wir fest, daß unser Schluß sich aus *Barbara* ergibt, wenn für M dort M' eingesetzt wird. Unser Beispielsatz beruht also auf einem allgemeingültigen Modus, stellt also einen gültigen Syllogismus dar.

2) Beispiel: «Wenn alle guten Christen nach den Geboten Christi leben und einige, die nicht nach den Geboten Christi leben, getauft sind, so sind einige Getaufte keine guten Christen.»

1. Schritt: Symbolisierung. Im Schlußsatz ergibt sich als «*S*» «Getaufte» und als «*P*» «gute Christen»; Mittelbegriff «*M*» ist dann «nach den Geboten Christi leben». Die 1. Prämisse ist universell-positiv, also «*a*»; die 2. Prämisse ist partikulär mit verneintem Subjekt, also «*ö*», der Schlußsatz partikulär mit verneintem Prädikat, also «*o*».

4.7571 $PaM \wedge M\ddot{o}S \rightarrow SoP$

Das ist ein Modus der 4. Figur, der jedoch unter den traditionellen Modi nicht vorkommt, also nach traditioneller Anschauung nicht gültig wäre.

106

2. Schritt: Um die 1. Figur zu erhalten, müssen wir nach 4.751 die Prämissen beide kontraponieren:

4.7572 $M'aP' \wedge S'\ddot{o}M' \rightarrow SoP$

Das läßt sich vereinfacht schreiben:

4.7573 $M\ddot{a}P \wedge SoM \rightarrow SoP$

3. Schritt: Wir stellen fest, die 1. Prämisse ist universell, die 2. partikulär. Wenn der Schluß gültig ist, muß er sich also aus *Darii* ableiten lassen. Wir schreiben ihn nun so unter *Darii* in äquipollenter Fassung der Prämissen, daß in diesen jeweils «*a*» bzw. «*i*» steht:

4.7574 $\vdash MaP \wedge SiM \rightarrow SiP$ *Darii*

4.7575 $M'aP' \wedge SiM' \rightarrow SiP'$

4. Schritt: Durch Vergleich stellen wir leicht fest, daß unser Schluß sich aus *Darii* erhalten läßt, wenn darin «*M'*» für «*M*» und «*P'*» für «*P*» eingesetzt wird. Unser Beispiel beruht also auf einem allgemeingültigen Modus.

Weitere Beispiele dieser Art möge man selbst durchprobieren. Dabei können sich 5 Fälle ergeben: 1. Ergibt sich nach dem 1. Schritt, daß beide Prämissen und der Schlußsatz universell sind, so muß der untersuchte Schluß, wenn er allgemeingültig ist, sich auf *Barbara* zurückführen lassen.

2. Sind beide Prämissen universell, der Schlußsatz partikulär, so muß der Modus sich auf *Garderönt* zurückführen lassen, oder er stellt eine Abschwächung von *Barbara* dar.

3. Ist die 1. Prämisse universell, die 2. partikulär und der Schlußsatz universell, ist der Schlußsatz auf keinen Fall allgemeingültig; ist der Schlußsatz jedoch partikulär, muß sich der Schluß aus *Darii* herleiten lassen, wenn er allgemeingültig ist.

4. Ist die 1. Prämisse partikulär, die 2. universell, der Schlußsatz universell, ist der Schluß sicher nicht allgemeingültig; ist der Schlußsatz partikulär, muß sich der Schluß auf *Mijladij* zurückführen lassen, wenn er allgemeingültig ist.

5. Sind beide Prämissen partikulär, liegt kein allgemeingültiger Schluß vor.

3) Beispiel: Was läßt sich schließen aus den beiden Aussagen «Kein Opportunist ist vertrauenswürdig» und «Alle Opportunisten sind anpassungsfähig»?

1. Schritt: Wir symbolisieren. Nehmen wir die beiden Aussagen in dieser Reihenfolge als Prämissen, so wäre «Opportunist» der Mittelbegriff «*M*», «anpassungsfähig» wäre «*S*», «vertrauenswürdig» wäre «*P*».

4.7581 $MeP \land MaS \to S?P$

2. Schritt: Durch Kontraposition der 2. Prämisse erhalten wir das Schema der 1. Figur:

4.7582 $MeP \land SäM \to S?P$

3. Schritt: Wir vergleichen mit dem Modus *Barbara*, da ja beide Prämissen universell sind, indem wir unsere beiden Prämissen als Äquipollenzen des *a*-Urteils schreiben:

4.7583 $\vdash MaP \land SaM \to SaP$ *Barbara*

4.7584 $MaP' \land S'aM' \to S?P$

4. Schritt: Wir stellen fest, daß unsere Prämissen sich auf keinen Fall aus *Barbara* erhalten lassen, da der Mittelbegriff einmal «*M*» und einmal «*M'*» lautet, also kein einheitlicher Mittelbegriff vorhanden ist. Die Weisheit der *traditionellen Logik* wäre nun am Ende und würde sagen, daß sich nichts allgemeingültig schließen läßt aus unseren beiden Prämissen. Doch wir erinnern uns, daß ja auch *Garderönt* zwei universelle Prämissen hat und wiederholen darum nochmals den 3. Schritt:

5. Schritt: Wir vergleichen mit dem Modus *Garderönt*, indem wir die 1. Prämisse als Äquipollenz des *a*-Urteils, die 2. als Äquipollenz des *e*-Urteils schreiben:

4.7585 $\vdash MaP \land SeM \to SöP$ *Garderönt*

4.7586 $\vdash MaP' \land S'eM \to S?P$

6. Schritt: Nunmehr stellen wir fest, daß sich unsere Prämissen aus dem Modus *Garderönt* erhalten lassen, wenn wir dort für «*S*» einsetzen «*S'*» und für «*P*» «*P'*»; dann müssen wir auch mit dem Schlußsatz von *Garderönt* entsprechend verfahren, um den gesuchten Schlußsatz für unsere Prämissen zu erhalten:

4.7587 $\vdash MaP' \land S'eM \to S'öP'$

Das läßt sich vereinfachen zu:

4.7588 $\vdash MeP \land SäM \to SoP$

Der gesuchte Schlußsatz ist *SoP* und lautet also:

«Einige Anpassungsfähige sind nicht vertrauenswürdig.»

4) Beispiel: Was folgt aus den beiden Aussagen «Einige Säugetiere sind keine Fleischfresser» und «Alle Säugetiere sind Lungenatmer»?

1. Schritt: Wir symbolisieren: «Säugetiere» wäre der Mittelbegriff «*M*», «Fleischfresser» sei «*P*», «Lungenatmer» schließlich «*S*». Die 1. Prämisse ist partikulär-negativ, also «*o*», die 2. universell-positiv, also «*a*»:

4.7591 $MoP \land MaS \to S?P$

2. Schritt: Um das Schema der 1. Figur zu erhalten, müssen wir die
2. Prämisse kontraponieren:

    4.7592 $MoP \wedge S\ddot{a}M \rightarrow S?P$

3. Schritt: Da die 1. Prämisse partikulär, die 2. universell ist, müssen
wir mit *Mijladij* vergleichen; die 1. Prämisse ist also äquipollent in
«*i*», die 2. in «*a*» umzuformen:

    4.7593 ⊢ $MiP \wedge SaM \rightarrow SiP$ *Mijladij*
    4.7594 $M'iP \wedge S'aM' \rightarrow S?P$

4. Schritt: Wir sehen, daß sich unsere Prämissen aus *Mijladij* ergeben, wenn «*M'*» für «*M*» und «*S'*» für «*S*» eingesetzt wird. Nehmen
wir diese Einsetzung auch im Schlußsatz vor, so ergibt sich:

    4.7595 ⊢ $M'iP \wedge S'aM' \rightarrow S'iP$

Das läßt sich vereinfachen zu:

    4.7596 ⊢ $MoP \wedge S\ddot{a}M \rightarrow SoP$

Der gesuchte Schlußsatz heißt also *SoP* und lautet:

«Einige Lungenatmer sind keine Fleischfresser.» Die ursprünglichen Prämissen ergeben mit diesem Schlußsatz übrigens den Modus
der 3. Figur *Bocardo*.

4.7597 Kein Schluß ergibt sich in der 1. Figur aus zwei partikulären
Prämissen und den Prämissen *a – o* und *i – a* und all den Prämissen-
paaren, die sich gemäß den Regeln 4.752–53 daraus ergeben, also
z. B. *e – o*, *a – i*, *ä – ö* usf. Insgesamt sind das 16 Prämissenpaare. Als
Merkvers diene: «Davon niemals!»

5. Von den Relationen

Ähnlich wie man als Extension eines einstelligen Prädikates Klassen erhält, ergibt sich als *Extension eines zweistelligen Prädikates* eine *Relation*. Man definiert:

5.01 $R = \mathrm{df}\ \hat{x}\hat{y}\{f(x,y)\}$

D. h. die Relation R wird definiert als der Bereich all derjenigen x und y, für die $f(x,y)$ gilt.

Beispiel: «größer als» ist der Bereich all derjenigen x und y, für die gilt, x ist größer als y.

5.02 xRy

heißt dann, zwischen x und y besteht die Relation R.

Die Relation stellt die *Extension eines geordneten Paares* dar, d.h. die Reihenfolge der Relationsglieder liegt fest, während bei einer Zweierklasse die Reihenfolge der Elemente gleichgültig ist. Das 1. Glied der Relation heißt der *Vorgänger* von R, das 2. Glied der *Nachfolger* von R. Unter *Term* von R versteht man *Vorgänger oder Nachfolger* von R. Analog zu den Klassenfunktoren lassen sich die *Relationsfunktoren* bilden:

5.11 $R' = \mathrm{df}\ \hat{x}\hat{y}\{\overline{x\,R\,y}\}$

Wir sprechen *R-Komplement* und nennen das dann das *Relationskomplement* oder die *Komplementärrelation*. In den *Principia Mathematica* wird geschrieben «$\dot{-}R$».

Beispiele: Das Relationskomplement von «verheiratet mit» ist die Menge all der Paare, zwischen denen Relationen wie «Freund», «verwandt», «älter als», «von gleicher Augenfarbe wie», «von anderer Staatsangehörigkeit», «Arbeitgeber von» usf. bestehen, jedoch nicht die Relation «verheiratet mit».

5.12 $R \cup S = \mathrm{df}\ \hat{x}\hat{y}\{xRy \lor xSy\}$ *Vereinigungsrelation*

(sprich «R zu S»); die *Principia Mathematica* schreiben «$R \,\dot{\cup}\, S$».

Beispiele: Wenn «R» bezeichnet «größer als» und «S» «gleich», ergibt sich die Vereinigungsrelation «größer oder gleich». Entsprechend erhält man aus «Ehemann von» und «Ehefrau von» «verheiratet mit»; aus «Sohn von» und «Tochter von» «Kind von».

5.13 $R \cap S = \mathrm{df}\ \hat{x}\hat{y}\{xRy \land xSy\}$ *Durchschnittsrelation*

(sprich «R mit S»); die *Principia Mathematica* schreiben «$R \cap S$».

Beispiele: Ist «R» «verwandt mit» und «S» «Nachbar von», so ist «$R \cap S$» die Relation «Verwandter Nachbar». Entsprechend ergeben «älter als» und «Mitschüler von» die Durchschnittsrelation «älterer Mitschüler von».

Relationsaussagefunktoren bilden aus zwei Relationen eine Aussage:

5.21 $R \subseteq S = \mathrm{df} \; \forall xy \cdot xRy \to xSy$ *Relationensubsumption*

(sprich «*R* sub *S*»); die *Principia Mathematica* schreiben «$R \subset \cdot S$».
Der *Relationssubsumptor* bildet aus zwei Relationen *R* und *S* die Aussage, daß *R* in *S* enthalten oder gleich mit *S* ist.
Beispiel: Wenn «*R*» bedeutet «Mutter von» und «*S*» «verwandt mit», besagt «$R \subseteq S$», daß die Relation «Mutter» in der Relation «verwandt» enthalten ist. Entsprechend wäre die Relation «Kunde von» in «Geschäftspartner von» enthalten.

5.22 $R = S = \mathrm{df} \; \forall xy \cdot xRy \leftrightarrow xSy$ *Relationsgleichheit*

(sprich «*R* gleich *S*»); die *Principia Mathematica* schreiben «$R \doteq S$»
Beispiele: Gleich wären die Relationen «militärischer Vorgesetzter von» und «hat militärische Befehlsgewalt über»; «blutsverwandt mit» und «besitzt gemeinsamen Vorfahren mit».

5.31 $\ddot{O} = \mathrm{df} \; \hat{x}\hat{y} \; \{x \neq x \wedge y \neq y\}$

Die Nullrelation, in den *Principia Mathematica* «Λ» geschrieben, ist die Relation, die nur zwischen Termen bestehen kann, die mit sich selbst nicht identisch sind; d. h. es handelt sich um eine Relation, für die es kein Paar gibt, für das diese Relation besteht.

5.32 $\ddot{1} = \mathrm{df} \; \hat{x}\hat{y} \; \{x \equiv x \wedge y \equiv y\}$

Die Allrelation, auch «$\dot{V}$» geschrieben, besteht zwischen allen Termen, die mit sich selbst identisch sind.

5.33 $\exists!R = \mathrm{df} \; \exists xy \cdot xRy$

Das besagt, daß es wenigstens ein Paar von Gegenständen gibt, auf das die Relation *R* zutrifft. Man sagt, *R* ist *nicht leer*.
Beispiele: Wenn «*R*» bezeichnet «jünger als» und «*S*» «Vorgesetzter von», so besagt «$\exists!R \cap S$» «Es gibt Vorgesetzte, die jünger als ihre Untergebenen sind». Entsprechend ergäbe sich aus «Vetter von» und «verheiratet mit»: «Es gibt Verheiratete, die im 2. Grad miteinander verwandt sind.»

5.34 $x\breve{R}y = \mathrm{df} \; yRx$ *Konverse*

(sprich: «*x* R-konvers *y*»)
Beispiele: Die Konverse zu «Vater von» ist «Kind von»; zu «größer als» ergäbe sich «kleiner als», zu «Vorgesetzter von» «Untergebener von»; zu «Quadrat von» «Quadratwurzel aus».

5.41 $\vdash R=S \leftrightarrow S=R$

5.42 $\vdash \breve{R}=S \leftrightarrow \breve{S}=R$

5.43 $\vdash (R \cap S)' = R' \cup S'$

5.44 $\vdash R \subseteq S \leftrightarrow S' \subseteq R'$

5.45 $\vdash R \subseteq S \leftrightarrow \breve{R} \subseteq \breve{S}$

5.46 $\vdash \ddot{O} \subseteq R$

5.47 $\vdash R \subseteq \breve{I}$

5.48 $\vdash \ddot{O} \subseteq \breve{I}$

5.49 $\vdash \ddot{O}' = \breve{I}$

5.51 $R/S =\mathrm{df}\ \hat{x}\hat{z}\ \exists y \cdot xRy \wedge ySz$ *Verkettung*

Man spricht «*R verkettet S*». Die Verkettung von *R* und *S* nennt man auch das *relative Produkt* von *R* und *S*. – Beispiele: Die Verkettung von «Schwester» und «Mutter» ergibt «Schwester der Mutter», d.h. Tante mütterlicherseits; «Gattin» verkettet mit «König von» ergibt «Königin von».

5.52 $R^2 =\mathrm{df}\ R/R$

Wird eine Relation mit sich selbst verkettet, so nennt man das «Quadrat der Relation». – Beispiele: Das Quadrat von «Vater» ergibt «Großvater (väterlicherseits)». Das Quadrat von «hilft» wäre «Helfershelfer». Entsprechend lassen sich bilden:

5.53 $R^3 =\mathrm{df}\ R^2/R$

5.54 $R^n =\mathrm{df}\ R^{n-1}/R$

Als Grenzfall definiert man die nullte Potenz einer Relation als die *Identität*:

5.55 $xR^\circ y =\mathrm{df}\ xIy$

5.61 $R'y =\mathrm{df}\ \cap x \cdot xRy$

Man spricht: «*das R von y*». Dieser Ausdruck heißt *individuelle Relationskennzeichnung*, denn er kennzeichnet ein einzelnes Individuum, das in der Relation *R* zu einem bestimmten anderen Individuum steht.

Beispiel: Wenn «*R*» bezeichnet «Hauptstadt von» und «*b*» «Spanien», so bezeichnet «*R'b*»: «die Hauptstadt von Spanien», d.h. Madrid. Entsprechend ergibt sich für «10. Potenz von» und «2»: «Die 10. Potenz von 2», d.h. 1024.

5.62 $\vec{R}'y =\mathrm{df}\ \hat{x}\ \{xRy\}$

Man spreche «*R-Rechtspfeil von y*». Dieser Ausdruck heißt *Klassen-Relationskennzeichnung*. Er kennzeichnet die Klasse all der

Terme, die zu y in der Relation R stehen. Diese Klasse nennt man auch *die Vorgänger* von R. Besteht die Relation R aus einem längeren Ausdruck, so schreibt man auch «$sg'R'y$». – Beispiele: Für «R» «Verfasser von» und «b» «die Bibel» bedeutet «$\overrightarrow{R}'b$»: «Die Verfasser der Bibel»; entsprechend ergibt sich aus «Mitglied von» und «Bundestag»: «Die Mitglieder des Bundestages».

5.63 $\overleftarrow{R}'x =$df $\hat{y}\,\{xRy\}$

Man spricht: «R-*Linkspfeil von* x». Dieser Ausdruck dient zur Kennzeichnung der Klasse der R-*Nachfolger*. Bei längerem R schreibt man auch «$gs'R'x$». Beispiel: Bezeichnet «R» «Verfasser von» und «a» «Goethe», so bedeutet «$\overleftarrow{R}'a$»: «die Werke Goethes.»

5.64 $R''K =$df $\hat{x}\,\{\exists y \cdot y \in K \wedge xRy\}$ *Doppelte Klassenkennzeichnung*

(sprich: «*die Klasse der R von K*»); bezeichnet «R» «Verfasser von» und «K» «Kriminalromane», so bedeutet «$R''K$»: «die Verfasser von Kriminalromanen».

5.65 $D_1'R =$df $\hat{x}\,\{\exists y \cdot xRy\}$ *Vorbereich*

(sprich: «*der Vorbereich von R*»); die *Principia Mathematica* schreiben einfach «D» statt «D_1». Dieser Ausdruck definiert den *Vorbereich* einer Relation, d.h. die Klasse aller Terme, die in der Relation R als Vorgänger auftreten können. Beispiel: Bedeutet «R» «Lehrer von», so ist der Vorbereich von R die Klasse der Lehrer.

5.66 $D_2'R =$df $\hat{y}\,\{\exists x.\ xRy\}$ *Nachbereich*

In den *Principia Mathematica* wird dafür «$\sqsubset'R$» geschrieben. Der Nachbereich wäre bei obiger Deutung von «R» die Klasse der Schüler.

5.67 $C'R =$df $D_1'R \cup D_2'R$ *Feld*

Das *Feld einer Relation* ist die Vereinigungsklasse von Vorbereich und Nachbereich. – Beispiele: Ist «R» «Geschwister von», so umfaßt das Feld dieser Relation alle Menschen, die nicht einzige Kinder sind. Ist «R» «Lehrer von», so umfaßt das Feld alle Lehrer und Schüler.

5.71 $K \restriction R =$df $\hat{x}\hat{y}\,\{x \in K \wedge xRy\}$

Diese Definition besagt, daß der Vorbereich der Relation R nur aus den Elementen der Klasse K bestehen soll. Wir sagen dann: «R *ist vorbeschränkt auf K*». – Beispiel: Wenn «R» bedeutet «Doktorvater von» und «K» «habilitierter Hochschullehrer», so bedeutet «$K \restriction R$»: «Die Beziehung Doktorvater ist vorbeschränkt auf habilitierte Hochschullehrer.» D.h., daß nur habilitierte Hochschullehrer als erste Gutachter einer Dissertation eine Promotion betreiben können.

Entsprechend wäre die Relation «Ehemann von» vorbeschränkt auf die Klasse großjähriger Männer; «Quadratzahl von» ist vorbeschränkt auf positive Zahlen.

5.72 $R \upharpoonright K = \mathrm{df}\ \hat{x}\hat{y}\ \{y \in K \wedge xRy\}$

Entsprechend wird hier definiert, daß eine Relation *nachbeschränkt* auf eine bestimmte Klasse ist. Beispiele: Bedeutet «R» «trinkt», so ist diese Relation nachbeschränkt auf die Klasse der Flüssigkeiten; «Schwiegermutter von» wäre nachbeschränkt auf die Klasse der Verheirateten.

5.73 $R \upharpoonleft K = \mathrm{df}\ K \upharpoonleft R \upharpoonright K$

Hier wird das Feld der Relation R auf die Klasse K beschränkt. – Beispiele: Wenn «R» «militärischer Vorgesetzter von» bedeutet, so läßt sich diese Relation z.B. beschränken auf die Klasse der Angehörigen der britischen Luftwaffe. Die Relation «größer als» ließe sich beschränken auf die Klasse der natürlichen Zahlen, aber z.B. auch auf eine Schulklasse.

5.74 $Un_1R = \mathrm{df}\ \forall xyz \cdot xRy \wedge zRy \rightarrow x \equiv z$

Wir sagen «R ist *voreindeutig*» oder «R ist *einmehrdeutig*». Das besagt, daß es zu jedem R-Nachfolger nur jeweils *einen* R-Vorgänger gibt. Die *Principia Mathematica* schreiben: «1 → cls». – Beispiele: Mutter ist voreindeutig, denn jedes y kann nur eine Mutter haben; voreindeutig sind auch «Quadrat von», «Logarithmus zur Basis 10».

5.75 $Un_2R = \mathrm{df}\ \forall xyz \cdot xRy \wedge xRz \rightarrow y \equiv z$

Jetzt sagen wir «R ist *nacheindeutig*» oder «R ist *mehreindeutig*». Das heißt, zu jedem Vorgänger von R gibt es nur *einen* Nachfolger von R. Die *Principia Mathematica* schreiben: «cls → 1». – Beispiele: «geboren in der Stadt», denn jedermann kann jeweils nur in *einer* bestimmten Stadt geboren sein; ferner: «Quadratwurzel von», «gestorben am».

5.76 $Un_{1,2}R = \mathrm{df}\ Un_1R \wedge Un_2R$

Eine Relation heißt *eineindeutig*, wenn sie sowohl vor- als nacheindeutig ist. Die *Principia Mathematica* schreiben: «1 → 1». – Beispiele: «Fingerabdruck von», «polizeiliches Kennzeichen des Kraftfahrzeuges», «gegenwärtig verheiratet mit».

5.77 $\vdash Un_1R \leftrightarrow R/\breve{R} \subseteq I$

5.78 $\vdash Un_2R \leftrightarrow \breve{R}/R \subseteq I$

5.811 $R \in refl = df \forall x \cdot xRx$

5.812 $\vdash refl = \hat{R}\{R^\circ \subseteq R\}$

Eine Relation R heißt *reflexiv*, wenn sie bei identischem Vorgänger und Nachgänger allgemeingültig ist. Die Klasse der reflexiven Relationen ist der Bereich all der Relationen, für die diese Relation stets besteht bei Identität von Vor- und Nachgänger. – Beispiele für reflexive Relationen: Gleichheit, Ähnlichkeit, Identität, Implikation, Replikation, Äquivalenz.

5.813 $R \in irr = df \forall x \cdot \overline{xRx}$

5.814 $\vdash irr = \hat{R}\{R^\circ \subseteq R'\}$

Irreflexiv heißt eine Relation, wenn sie nie bei identischem Vor- und Nachgänger besteht. – Beispiele dafür: «Vater von», «älter als», «verspeist».

Es gibt Relationen, die weder reflexiv noch irreflexiv sind. Die nennt man *partimreflexiv*, so z.B. «loben», «Quadrat von», «vorstellen».

5.821 $R \in sym = df \forall xy \cdot xRy \leftrightarrow yRx$

5.822 $\vdash \quad sym = \hat{R}\{\breve{R} = R\}$

Symmetrisch heißt eine Relation, wenn sie mit ihrer Konverse gleich ist, d.h. wenn stets Vorgänger und Nachgänger vertauscht werden können. Bei Operatoren sagt man statt symmetrisch auch *kommutativ*, bei Syllogismusfunktoren *konvertibel*. – Beispiele: «Einige sind», «Nachbar von», «verwandt», «gleichaltrig»; symmetrisch sind auch Konjunktor, Disjunktor, Äquivalentor, Kontravalentor, Exklusor, Summator, Produktor.

5.823 $R \in as = df \forall xy \cdot \overline{xRy \leftrightarrow yRx}$

5.824 $\vdash \quad as = \hat{R}\{\breve{R} \subseteq R'\}$

Eine Relation heißt *asymmetrisch*, wenn sie nie umgekehrt werden kann. Beispiele: «Tochter von», «kleiner als», «Vorgesetzter von». Es gibt Relationen, die weder symmetrisch noch asymmetrisch sind; sie heißen *partimsymmetrisch*, wie z.B. «verehren», «lernt von», «helfen».

5.831 $R \in trans = df \forall xy \, \exists z \cdot xRz \wedge zRy \to xRy$

5.832 $\vdash \quad trans = \hat{R}\{R^2 \subseteq R\}$

Die *Transitivität* ist eine der wichtigsten strukturellen Eigenschaften. – Beispiele: «alle sind», «älter als», «Vorfahre von», transitiv sind auch Konjunktor, Implikator, Replikator, Äquivalentor, Subsumptor, Inklusor.

5.833 $R \in intr = df \forall xy \, \exists z \cdot xRz \wedge zRy \to \overline{xRy}$

5.834 ⊢ $intr = \hat{R}\,\{R^2 \subseteq R'\}$

Relationen, die nie transitiv sind, heißen *intransitiv*, wie z.B.: «Mutter von», «Logarithmus von» oder auch Disjunktor, Kontravalentor, Exklusor.

Relationen, die weder transitiv noch intransitiv sind, heißen *partimtransitiv*, wie z.B. «Freund», «rasieren», «kennen».

5.84 *drittgl* =df *trans* ∩ *sym*   *Drittengleichheit*

5.85 *sim* =df *sym* ∩ *refl*   *Ähnlichkeit*

Diese Relation besagt soviel wie *beinahe gleich*.

5.86 *aeq* =df *trans* ∩ *sym* ∩ *refl*   *Gleichheit*

Diese strukturellen Eigenschaften sind so grundlegend wichtig, da ihre richtige Anwendung die Folgerichtigkeit begründet – und die ist ja das, was die Logik fundiert.

Damit wären wir wieder bei unserem Ausgangspunkt angelangt: Logik ist Lehre von der Folgerichtigkeit, und Folgerichtigkeit beruht darauf, daß Funktoren in Übereinstimmung mit ihren strukturellen Eigenschaften richtig angewandt werden.

Die Beherrschung der Logik ist allein noch keine Garantie, brauchbare wissenschaftliche Ergebnisse zu erhalten. Sie kann lediglich Kontrolle der Wissenschaftlichkeit sein. Zur formalen Richtigkeit muß auch die inhaltliche Wahrheit der Voraussetzungen hinzukommen, um gesichertes Wissen zu erhalten. Ohne gute Ideen, ohne gesicherte Fakten gleicht die Logik Mühlsteinen, die leer aufeinandermahlen und so lediglich sich abreiben und Sand erzeugen. Gehen Aussagen über Ideen und Fakten in Theorien ein, die durch die Kontrolle der Logik gesichert sind, so ergibt sich gesichertes Wissen, d.h. echte Wissenschaft.

Literaturhinweise

Bibliographie:

ALONZO CHURCH, «A Bibliography of Symbolic Logic», in: *Journal of Symbolic Logic*. Vol. I (1936). – Bietet eine vollständige Bibliographie chronologisch geordnet von 1666–1935 und wird seitdem fortgesetzt im *Journal of Symbolic Logic*.

EVERETT BETH, *Mathematische Logik und Grundlegung der exakten Wissenschaften.* (Bibliogr. Einführung in das Studium d. Philosophie, herausgegeben von I. M. BOCHEŃSKI) Bern 1948. – Bietet eine sehr gute, nach Sachgebieten geordnete Auswahl.

Bocheński$_M$ – bietet zu den einzelnen Kapiteln der Logik jeweils die wichtigste weiterführende Literatur.

Bocheński$_2$ – bietet eine sehr eingehende Bibliographie zu den historischen Epochen der Logik.

Zur Geschichte der Logik:

ALBERT MENNE, «Zur Logik und ihrer Geschichte», in: *Philosophia Naturalis*, Bd. 22, 1985, pp 460–468. – Grundsätzliche Ausführungen zum Verhältnis von Logik und Logik-Geschichte.

CARL PRANTL, *Geschichte der Logik im Abendlande,* 4 Bde. Leipzig 1855–70. Neudruck Darmstadt 1957. – Bietet eine umfangreiche Materialsammlung von der Antike bis zur Reformation, gepaart mit völligem Mißverständnis der Logik selbst.

Bocheński$_2$ = I. M. BOCHEŃSKI, *Formale Logik.* (Problemgeschichten d. Wissenschaften in Dokumenten u. Darstellungen) 2. Aufl. Freiburg 1962. – Das Standardwerk für die Geschichte der Logik von den Indern bis zu den Principia Mathematica mit umfangreicher Bibliographie.

WILLIAM and MARTHA KNEALE, *The Development of Logic.* Oxford 1962. – Die Hälfte des vorzüglichen Buches ist der modernen Logik gewidmet.

Eine sehr knappe Orientierung bieten:

HEINRICH SCHOLZ, *Abriß der Geschichte der Logik.* Berlin 1931. 3. Aufl. Freiburg 1966.

P.H. NIDDITCH, *The Development of Mathematical Logic.* New York 1962.

ALBERT MENNE und NIELS ÖFFENBERGER, *Zur modernen Deutung der aristotelischen Logik,* 3 Bde. Hildesheim 1982 (Bd. I), 1985 (Bd. II), 1987 (Bd. III).

Kleine Einführungen:

ALBERT MENNE, *Was ist und was kann Logistik?* Paderborn 1957. 2. Aufl. 1970. – Knappe Orientierung über Wesen und Aufgabe der modernen Logik.

Kazimierz Ajdukiewicz, *Abriß der Logik*. Berlin 1958. – Eine vorzügliche Einführung in die klassische Logik vom modernen Standpunkt aus, doch ohne jede Formel.

W. R. Fuchs, *Eltern entdecken die neue Logik*. München 1971. – Elementare, doch wissenschaftlich zuverlässige, leicht verständliche Einführung in die Aussagenlogik.

Rudolf Carnap, *Abriß der Logistik*. Wien 1929. – Knappe Einführung in den modernen Teil der Logik unter besonderer Berücksichtigung der Relationenlogik.

Béla Juhos, *Elemente der neuen Logik*. Wien 1954. – Gute Einführung in den modernen Teil der Logik.

Paul Lorenzen, *Formale Logik*. 3. Aufl. Berlin 1969. – Gedrängte Einführung in ein spezielles System der Logik, die von L. selbst begründete *operative Logik*.

W. K. Essler, *Einführung in die Logik*. 2. Aufl. Stuttgart 1969.

E. v. Savigny, *Grundkurs im logischen Schließen*. München 1976.

W. Strombach, H. Emde und W. Reyersbach, *Mathematische Logik*. München 1972.

Geht auch ein auf die Schalt-Algebra:

T. Varga, *Mathematische Logik für Anfänger*, 2 Bde. Frankfurt/Zürich 1972. – Einfach und allgemeinverständlich geschrieben, schon für Schüler geeignet.

Lehrbücher:

Bocheński = I. M. Bocheński und Albert Menne, *Grundriß der Formalen Logik*. 5. Aufl. Paderborn 1983. – Knappe, aber alle Gebiete umfassende Einführung in die moderne Logik mit bibliographischen und historischen Hinweisen.

Rudolf Carnap, *Einführung in die symbolische Logik*. 2. Aufl. Wien 1962. – Ebenfalls auch für Anfänger geeignet.

Joseph Dopp, *Formale Logik*. Einsiedeln 1969. – Eine vorzügliche Einführung für Geisteswissenschaftler.

Karl Dürr, *Lehrbuch der Logistik*. Basel 1954. – Mehr für Mathematiker.

David Hilbert und Wilhelm Ackermann, *Grundzüge der theoretischen Logik*. 6. Aufl. Berlin 1972. – Auf die mathemat. Beweistheorie ausgerichtet unter besonderer Berücksichtigung des Prädikatenkalküls.

Hans Hermes, *Einführung in die mathemat. Logik*. 3. Aufl. Stuttgart 1972. – Ebenfalls für Mathematiker, unter besonderer Berücksichtigung des Prädikatenkalküls.

Ulrich Klug, *Juristische Logik*. 4. Aufl. Berlin 1982. – Bietet Anwendungsmöglichkeiten des modernen Logik auf die Rechtswissenschaft.

Paul Lorenzen, *Einführung in die operative Logik und Mathematik*. Berlin 1955. – Behandelt eine spezielle Art moderner Logik, die sog.

operative Logik und ihre Anwendung zur Grundlegung der Mathematik.

BENSON MATES, *Elementare Logik*. Göttingen 1965. Auch für Geisteswissenschaftler gut geeignet.

ALBERT MENNE, *Einführung in die Methodologie*. 2. Aufl. Darmstadt 1984.

ALBERT MENNE, *Einführung in die Formale Logik*. Darmstadt 1985.

W.V.O. QUINE, *Grundzüge der Logik*. Frankfurt 1969. – Anspruchsvoller.

HEINRICH SCHOLZ und GISBERT HASENJÄGER, *Grundzüge der mathem. Logik*. Berlin 1961. – Bietet einen umfassenden semantischen Aufbau der modernen Logik.

ARNOLD SCHMIDT, *Mathematische Gesetze der Logik I* (Aussagenlogik). Berlin 1959. – Umfassende Darstellung des Aussagenkalküls.

ALFRED TARSKI, *Einführung in die mathematische Logik*. 2. Aufl. Göttingen 1966.

Standardwerke:

JOHN NEVILLE KEYNES, *Studies and Exercises in Formal Logic*. 4. edition London 1906. – Das Standardwerk der *klassischen Logik*.

ALFRED NORTH WHITEHEAD and BERTRAND RUSSELL, *Principia Mathematica*, 3 Bde. 3. Aufl. Cambridge 1950. – Das Standardwerk der *modernen Logik*.

Logik und Philosophie:

Bocheński₃ = I. M. BOCHEŃSKI, *Logisch-philosophische Studien*. Freiburg 1959.

GISBERT HASENJÄGER, *Einführung in die Grundbegriffe und Probleme der modernen Logik*. München 1962.

GUIDO KÜNG, *Ontologie und Logistische Analyse der Sprache*. Wien 1963.

Menne₂ = ALBERT MENNE, *Logik und Existenz*. Meisenheim 1954.

ALBERT MENNE, «Logik als Organon und als Wissenschaft», in: *Freiburger Zeitschr. f. Phil. u. Theologie*, Bd. 31, 1984, p 9–19.

DERS., «Zur logischen Analyse der Wahrheit», in: *Ratio*, Bd. XVI, 1974, pp 62–68.

W.V.O. QUINE, *Philosophie der Logik*. Stuttgart 1973.

Scholz₁ = HEINRICH SCHOLZ, *Metaphysik als strenge Wissenschaft*. Köln 1941. Neudruck Darmstadt 1965.

Zu Spezialproblemen:

Bocheński₁ = I. M. BOCHEŃSKI, «Über Analogie», in: Bocheński₃.

WALTER DUBISLAV, *Die Definition*. 4. Aufl. Hamburg 1981.

GOTTLOB FREGE, *Funktion, Begriff, Bedeutung*. Fünf logische Studien, herausgegeben von GÜNTHER PATZIG. Göttingen 1962.

BRUNO B. V. FREYTAG-LÖRINGHOFF, *Neues System der Logik*. Hamburg 1985. – Graphische Behandlung einer um inverse Urteile («Duale») erweiterten klassischen Urteils- und Schlußlehre mit Computerprogramm zum automatischen Schließen innerhalb der Syllogistik.

RAILI KAUPPI, «Über die logischen Paradoxien vom Standpunkte der Inhaltslogik», in: *Atti XII. Congr. Int. Filos.* Firenze 1960, Vol. IV.

JAN LUKASIÉWICZ, *Aristotle's Syllogistic*. 2. Aufl. Oxford 1957.

Menne[1] = ALBERT MENNE, «Was ist Analogie?», in: *Philosoph, Jahrbuch* 1959, pp 389–395.

MENNE[3] = ALBERT MENNE «Einige Ergebnisse der Syllogismusforschung und ihre philosophischen Konsequenzen», in: Bocheński[3].

DERS., «Zu den triadischen bivalenten Aussagefunktoren», in: *Theoria XVII/1* 1952, pp 66–69.

DERS., «Beweis und Negation», in: *Actes XI. Congr. Int. Phil.* Bruxelles 1953, Vol. V. pp 91–97.

DERS., «Implikation und Syllogistik», in: *Zschr. f. phil. Forschung* XI/3 1957, pp 375–386.

DERS., «Zur Reduktion polyadischer Valenzfunktoren», in: *Atti XII. Congr. Int. Filos.* Firenze 1960, Vol. V. pp 393–401.

DERS., «Über monadische Valenzfunktoren», in: *Actes XIII. Congr. Int. Phil.* Mexico 1964, Vol. V, p 237 ff.

Patzig[1] = GÜNTHER PATZIG, *Die Aristotelische Syllogistik*. 2. Aufl. Göttingen 1963.

E. W. PLATZECK, *Klassenlogische Syllogistik*. Paderborn 1984. – Umfassende Behandlung der traditionellen Urteils- und Schlußlehre auf der Basis der Klassenlogik.

UUNO SAARNIO, *Untersuchungen zur Symbolischen Logik*. Helsinki 1935.

HEINRICH SCHOLZ, «Logik, Grammatik, Metaphysik», in: *Archiv für Rechts- u. Sozialphilosophie* XXXVI/3, pp 393–433.

WOLFGANG STEGMÜLLER, *Das Wahrheitsproblem und die Idee der Semantik*. 2. Aufl. Wien 1972.

DERS., *Unvollständigkeit und Unentscheidbarkeit*. 3. Aufl. Wien 1973.

Söhngen[1] = GOTTLIEB SÖHNGEN, *Analogie und Metapher*. Freiburg 1962.

Tarski[1] = ALFRED TARSKI, «Der Wahrheitsbegriff in den formalisierten Sprachen», in: *Studia Philosophica* (Lwow) I 1935.

ULRICH BLAU, *Die dreiwertige Logik der Sprache*. Berlin 1978.

PETER RUTZ, *Zweiwertige und mehrwertige Logik*. München 1973.

NICHOLAS RESCHER, *Many-valued Logic*. New York 1969. – Umfassende Darstellung der Geschichte und verschiedener Systeme der mehrwertigen Logik mit ausführlicher Bibliographie.

Namenverzeichnis

Verzeichnis der Fachausdrücke

Dies Verzeichnis enthält in der Logik verwandte Spezialausdrücke oder Ausdrücke der Umgangssprache, die in der Logik auf eine bestimmte Bedeutung festgelegt sind. Ausdrücke, deren substantivische Fassung in ihrer Bedeutung der adjektivischen entspricht, sind nur als Adjektiv aufgenommen: so suche man z. B. «Transitivität» unter «transitiv» usf. Es sind nur die Seiten angeführt, auf denen der Ausdruck erklärt wird, oder auf denen er in einem Zusammenhang auftritt, der seine Bedeutung weiter erhellt.

127

Verzeichnis der Formelzeichen

Inhalt